행하는 믿음, 살아 있는 교회

야고보서와 한국 교회의 갱신을 위한 영성 훈련서

행하는 믿음, 살아 있는 교회

지은이 · 이광진
펴낸이 · 성상건
편집디자인 · 자연DPS

펴낸날 · 2026년 1월 30일
펴낸곳 · 도서출판 나눔사
주소 · (우) 10270 경기도 고양시 덕양구 푸른마을로 15
301동 1505호
전화 · 02)359-3429 팩스 02)355-3429
등록번호 · 2-489호(1988년 2월 16일)
이메일 · nanumsa@hanmail.net

ISBN 978-89-7027-823-0 03230

값 15,000원

행하는 믿음, 살아 있는 교회

야고보서와 한국 교회의
갱신을 위한 영성 훈련서

| 이광진 지음 |

나눔사

‖ 머리말 ‖

오늘날 한국 교회는 외형적 성장에도 불구하고 깊은 내적 위기와 도전에 직면해 있다. '값싼 구원론'이라 불리는, 오직 믿음만으로 구원이 완성된다는 왜곡된 복음 이해는 교회의 윤리적 기반을 무너뜨리고, 많은 성도들이 신앙의 본질과 삶의 실천 사이에서 혼란을 겪게 만들었다. 그 결과, 교회의 사회적 신뢰 또한 크게 실추되었다.

이러한 위기는 단순히 개인의 신앙 문제를 넘어, 한국 교회 전체가 직면한 구조적이고 영적인 도전이다. 오늘날 교회는 이 위기를 넘어설 갱신의 대책과 본질로의 회복 비전을 시급히 마련해야 한다.

이때 야고보서는 한국 교회가 다시 붙들어야 할 중요한 구원론적 균형을 제시한다. 참된 믿음은 반드시 삶의 열매로 나타나야 하며, 말과 행동이 일치하는 신앙이야말로 하나님께서 기뻐하시는 믿음이다. 야고보서는 믿음이 행함과 함께 협력하여 온전해지는 것, 곧 살아 있는 믿음의 길을 우리에게 제시한다. 오늘의 한국 교회는 이 야고보적 구원 이해를 통해 스스로를 갱신하고 윤리적 회복을 이뤄가야 한다.

이 책은 야고보서의 말씀을 중심으로 '믿음과 행함의 조화'라는 핵심 주제를 따라 집필되었으며, 각 장마다 깊이 있는 신학적 해석을 담아 신앙과 삶을 통합적으로 교육할 수 있도록 구성하였다. 더불어 7주간의 소그룹 영성 훈련 프로그램, 묵상 질문, 실천 과제, 리더 매뉴얼, 워크북(개인용) 등을 포함하여 실제적이고 다각적인 훈련 자료로 활용할 수 있도록 준비하였다.

야고보서가 오늘날 우리에게 던지는 이 강력한 메시지가 한국 교회의 영적 위기를 넘어, 진정한 부흥과 실천적 신앙의 회복으로 이어지기를 소망한다. 이 책이 그 길을 밝히는 작은 불씨가 되기를 간절히 기도한다.

끝으로, 늘 사랑으로 격려해 주는 아내 오영숙과 출간에 힘써 준 한양대학교 교목실장 이천진 목사님에게 진심으로 감사하며, 기꺼이 출간을 허락해 주신 나눔사의 성상건 대표님께도 깊은 감사의 마음을 전한다.

2026년 1월 이광진

차례

‖ 서론 ‖

루터의 종교개혁을 넘어서 : 왜 지금 다시 야고보서인가?

종교개혁의 역사는 '오직 믿음으로'(sola fide)를 외친 마르틴 루터의 이름과 떼려야 뗄 수 없다. 16세기 중세 가톨릭 교회의 부패와 율법주의에 맞서 루터가 제기한 '믿음만으로 구원받는다'는 선언은 당시 신앙과 신학을 혁명적으로 변화시켰다. 이 신학적 외침은 유럽 전역에 신선한 바람을 불어넣었고, 오늘날 우리가 알고 있는 많은 개신교 교파의 신앙 토대가 되었다.

그러나 시간이 흐르면서 '오직 믿음'이라는 명제는 고착화되고 교조화되었다. 특히 한국 교회에서는 이 명제가 절대 진리로 고착된 나머지, 신앙의 본질을 행위나 삶의 변화에서 분리하는 결과를 낳았다. "믿음이 있으면 당연히 선한 행함이 따라온다"는 루터파적 신앙 이해는, 실제로 행함이 없는 '죽은 믿음'(약 2:17)을 내포한 채 종종 남용되어 왔다.

오늘날 한국 교회가 처한 위기는 바로 여기에 있다. 외형적 신앙 고백과 예배 행위는 성숙해 보이나, 공동체 내외에서의 사랑과 정의, 타자에 대한 관심은 현저히 부족하다. 교회가 세속의 가치와 성공주의에 물들고, 신앙이 개인적 구원론에 머무르면서 사회적 책임을 외면하는 현실은 심각한 문제다.

이런 맥락에서 우리는 야고보서로 눈을 돌려야 한다. 야고보서는 '믿음과 행함'을 함께 논하고, 시험과 유혹, 언어의 절제, 세속과의 갈등, 그리고 정의를 향한 인내까지 신앙의 현실적 문제들을 정면으로 다룬다. 특히 '행함 없는 믿음은 죽은 것'(약 2:17)이라고 선언하며, 진정한 신앙은 삶과 떼려야 뗄 수 없다는 점을 강조한다.

야고보서는 루터의 종교개혁이 놓친 부분을 보완할 뿐 아니라, 한국 교회의 오늘을 정직하게 비추는 '제2의 종교개혁서'로서의 가능성을 지니고 있다. 이것은 단순한 신학적 주장에 그치지 않는다. 야고보서의 메시지는 '살아 있는 믿음'으로의 영성 훈련을 요구하며, 구체적이고 실천적인 신앙의 길을 제시한다.

믿음과 행함 : 한국 교회의 제2의 종교 개혁이 필요한 이유

한국 교회는 지난 수십 년간 급격한 성장과 사회적 영향력을 누려왔다. 하지만 동시에 신앙의 본질을 잃고, 물질주의와 성공 신화에 빠진 모습을 드러내기도 했다. '오직 믿음'이라는 교리가 오해되고 과도하게 강조되면서, 행함이 뒤따르지 않는 신앙이 확산되었다.

야고보서는 바로 이런 '죽은 믿음' 문제를 신랄하게 지적한다. 믿음이 입술의 고백에만 머무르고, 실제 행동과 삶의 변화가 뒤따르지 않는다면, 그것은 아무 소용이 없다는 것이다. 진정한 구원은 믿음의 내면적 고백뿐 아니라, 사회적 책임과 공동체적 실천 속에서 드러나야 한다.

따라서 한국 교회가 다시 살아나고 진정한 회복을 이루기 위해서는 '야고보서적 신앙'이 필요하다. 이는 '오직 믿음'과 '오직 은혜'라는 루터의 슬로건과 배치되는 것이 아니라, 그것을 완성하고 심화하는 길이다. 믿음과 행함의 균형, 언어의 절제, 세속과의 갈등 극복, 정의와 인내의 영성은 한국 교회가 절실히 배워야 할 과제다.

야고보서의 오늘날 의미 : 영성 훈련서로서의 새로운 읽기

야고보서는 단순히 교리적 논쟁을 벌이는 책이 아니다. 그것은 영성의 '훈련서'다. 매일의 삶에서 시험과 유혹에 맞서고, 혀를 절제하며, 세속적 유혹과 싸우고, 정의를 기다리며 인내하는 구체적인 신앙인의 실천적 삶을 보여준다.

이 책을 통해 우리는 야고보서가 제시하는 믿음의 일곱 가지 훈련을 체계적으로 배우고 훈련할 수 있다. 한국 교회는 이 훈련을 통해 믿음이 삶 속에서 살아 움직이는 참된 공동체로 거듭날 수 있다.

루터가 '오직 믿음'으로 중세 교회를 깨뜨렸다면, 야고보서는 '살아 있는 믿음'으로 오늘의 교회를 새롭게 세울 것이다. 이 책이 그 길에 작은 불빛이 되길 기대한다.

제1부 말씀을 따라 걷다
– 야고보서의 본문 묵상

A. 삶의 시련 속에서 신앙을 훈련하라

1장 시련 속에서 피어나는 믿음 – 영적 성장의 여정(약 1장)

야고보서 1장은 신앙의 본질을 '시련 속에서 피어나는 믿음'으로 규정한다. 믿음이란 머릿속에서 동의하는 관념이 아니라, 삶의 가장 고통스러운 순간에도 여전히 하나님을 붙드는 살아 있는 신뢰의 태도다. 야고보는 시련을 단순히 참아내야 할 불행으로 보지 않는다. 오히려 시련은 하나님이 우리를 연단하시고, 성숙한 신앙으로 빚어 가시는 귀한 도구다.

서론 : 야고보서 1장의 구조 개요

야고보서 1장은 두 개의 큰 주제를 다루며, 각각 구체적인 사례와 교훈으로 전개된다.

첫 번째 주제(1:2~18) : 시험과 시련의 영적 의미
두 번째 주제(1:19~27) : 말씀을 듣고 행하는 신앙의 본질

이 두 주제는 야고보서 전체를 관통하는 '살아 있는 믿음'의 뼈대를 형성하며, 신앙이 내면의 확신에만 머물지 않고, 외적 삶의 구체적인 실천으로 드러나야 한다는 야고보서의 핵심 메시지를 포괄한다.

1. 야고보서 1:2~4 시험을 기쁘게 여기라 – 믿음의 인내를 낳는 시련

1) 본문(개역 개정)

2절 : 내 형제들아, 너희가 여러 가지 시험을 당하거든 온전히 기쁘게 여기라.

3절 : 이는 너희 믿음의 시련이 인내를 만들어 내는 줄 너희가 앎이라.

4절 : 인내를 온전히 이루라. 이는 너희로 온전하고 구비하여 조금도 부족함이 없게 하려 함이라.

2) 본문의 구조 – 시련에 대한 태도 : 인내의 완성

절	담화 기능	내용
1:2	권고문	여러 가지 시험을 만나거든 온전히 기쁘게 여기라
1:3	이유	믿음의 시련이 인내를 만들어 내기 때문
1:4	결과 / 목적문	인내를 온전히 이루라 – 온전하고 구비하여 부족함이 없게 하려 함

3) 논증 흐름 설명

야고보는 시험을 단순히 '참으라'고 하지 않는다. 오히려 시험을 적극적으로 기쁨으로 받아들이라고 역설한다. 왜냐하면 시련이 믿음을 '연단'하기 때문이다.

여기서 중요한 논리는 믿음 ▶ 시련 ▶ 인내 ▶ 영적 성숙 ▶ 온전한 신앙으로 이어지는 과정이다.

믿음은 시련과 인내 없이는 온전해질 수 없다는 것이다.

(1) '시험'과 '시련'의 구분 : 페이라스모스(πειρασμός)와 도키미온(δοκίμιον)

야고보서 1:2~4는 이 서신 전체의 신학적 주제를 서두에서 압축해 제시하는 중요한 대목이다. 여기에서 저자는 동일한 믿음의 사건을 두 단어로 다르게 표현한다.

"여러 가지 시험(πειρασμοός)을 당하거든 ......" (1:2)

"이는 너희 믿음의 시련(δοκίμιον)이 인내를 만들어 내는 줄 너희가 앎이라." (1:3)

이 두 단어는 서로 밀접한 관련이 있지만, 기능과 관점이 다르다.

(a) 페이라스모스(πειρασμός) : 외적 시험 혹은 내적 유혹

이 단어는 외적인 시련(역경, 핍박)뿐 아니라 내적인 유혹(죄의 욕망)까지 아우르는 폭넓은 의미를 지닌다.

야고보는 특히 1:13~15에서 '페이라스모스'가 죄의 유혹을 뜻할 수 있음을 분명히 하며, 이 단어에 내포된 이중적 성격(긍정적 시련/부정적 유혹)을 조율한다.

따라서 1:2의 '페이라스모스'는 외적인 시련의 의미에 더 가깝지만, 궁극적으로는 신자의 내면을 드러내고 단련하는 계기로서 전체 맥락을 준비한다.

(b) 도키미온(δοκίμιον) : 믿음을 시험해 그 진정성과 강도를 드러내는 작용

이 단어는 야고보서에서 오직 한 번(1:3) 사용되며, 믿음을 '테스트하는 과정 또는 그 과정을 통해 나타나는 참된 결과'를 뜻한다.

고대 금속을 불로 정제하여 진품을 판별하는 시금석 과정을 배경으로 하며(시 66:10 참조), 믿음의 진위와 강도를 검증하는 일종의 정화 과정이다.

(c) 두 단어의 신학적 관계

페이라스모스는 신자가 겪는 삶의 외적 · 내적 어려움 자체를 가리키고, 도키미온은 그러한 상황 속에서 믿음이 시험을 통과하며 드러나는 내적 결과를 뜻한다.

따라서 야고보는 시련의 과정을 단지 회피하거나 견디는 것 이상의 것으로 보며, 신자의 믿음을 '정화'하고 '완성'해가는 영적 성장의 과정으로 제시한다.

결론적으로, 야고보는 독자들에게 '외적 시험'(페이라스모스)을 믿음의 '정련 도구'(도키미온)로 해석하라고 권면한다. 이때 시험은 단순한 재난이 아니라 하나님이 사용하시는 영적 도야의 장이다.

(2) '인내'(ὑπομονή)의 의미와 전통사적 배경

야고보서 1:3~4에서 언급되는 '인내'는 단순히 고난을 묵묵히 참는 수동적 자세가 아니라, 능동적이고 목적지향적인 신앙의 태도를 가리킨다. 헬라어 '휘포모네(ὑπομονή)'는 '머무르다'(μένω)에서 파생된 말로, 문자적으로는 '밑에 머무르다', '무게를 견디며 서 있다'는 의미를 지닌다. 이 단어는 신약성경과 중간사 문헌, 그리고 구약의 히브리어 용례를 종합적으로 살펴볼 때, 다음과 같은 세 가지 전통사적 차원을 통해 해석할 수 있다.

(a) 구약적 배경 : 히브리어 카와(קָוָה), 사발(סָבַל)

구약성경에서 '인내' 개념은 주로 하나님의 구원을 기다리는 태도(사 40:31, 시 27:14, 애 3:25)와 관련되어 있다. 여기서 사용되는 카와(qāwâ)는 '기다리다', '소망하다'는 의미를 지니며, 이는 단순한 수동적 대기가 아니라 하나님의 약속에 대한 확신과 신뢰를 전제로 하는 적극적인 기다림이다.

또한 사발(sābal)은 '짐을 지다', '견디다'는 뜻으로, 고난을 감당해

내는 고통 속의 인내를 암시한다(사 53:4 참조).

이 두 용례는 후대 유대 문헌과 야고보서의 '인내' 개념에 깊은 영향을 주었다. 야고보서에서는 그 근거로 5:10~11을 들 수 있다. 즉, 여기에는 예언자들과 욥을 고난과 인내의 본보기로 삼으라는 권면이 나온다.

(b) 중간사 문헌에서의 인내 : 마카비 문헌

마카비 4서(특히 4:21~23, 4:30~35)에서는 인내가 율법에 대한 충성과 의로움을 지키는 행위로 강조된다. 이 인내는 고난과 죽음 앞에서도 흔들리지 않는 결단으로 표현되며, 유대 순교자들의 신앙을 정당화하는 중심 개념이 된다. 이때의 '인내'는 단순한 자기 수양이 아니라, 하나님 나라에 대한 소망 속에서 의를 실천하는 용기 있는 자세로 나타난다. 다시 말해서 여기서 '인내'는 율법적 신앙과 종말론적 소망 사이의 긴장 속에서 형성되는 윤리적 태도로 나타난다.

이 용례도 야고보서의 '인내' 개념에 깊은 영향을 주었다고 말할 수 있다. 그 근거로 1:25와 2:8~12, 그리고 5:7을 들 수 있다. 1:25와 2:8~12에는 '온전한 율법'과 심판 사상이 나오고, 5:7에는 '인내'가 종말론적 맥락에서 사용된다.

(c) 신약에서의 '인내' 용례와 야고보서의 특징

신약성경에서는 '인내'(ὑπομονή)가 예수님의 고난(히 12:1~3), 성도의 소망(롬 5:3~5), 바울의 고난 신학(고후 6:4), 요한계시록의 환난 중 인내(계 1:9; 13:10) 등과 깊이 연결된다.

야고보서의 인내 개념은 다음의 두 가지 특징을 보여준다.

① 성숙을 향한 목적론적 구조

야고보는 인내를 '온전하고 구비하여 조금도 부족함이 없는 자'(1:4)로 이끄는 성숙의 길로 제시한다. 이는 인내를 덕성 자체로서가 아니라 성숙을 낳는 영적 연결고리로 간주하는 신학적 틀을 보여준다.

② 5:7~11에서의 종말론적 강조

야고보서 5장에서는 농부, 선지자, 욥의 예를 통해 인내를 반복적으로 강조한다. 여기서 인내는 주님의 재림을 기다리는 종말론적 소망과 결합된 실천적 태도로 나타난다. 이는 야고보서 전체에서 인내가 단지 고통을 견디는 도덕적 미덕이 아니라, 하나님과의 언약 안에서 형성된 인격의 열매임을 보여준다.

(d) 결론 : 믿음 – 시련 – 인내 – 온전함의 영적 연쇄

야고보서 1:2~4에서 말하는 믿음과 시련, 인내, 그리고 온전함은 순차적 단계를 말하는 것이 아니라, 서로 긴밀히 얽혀 있는 영적 성장 구조를 말한다. 즉, 시련은 믿음을 검증하고, 그 과정을 견디는 인내는 결국 성숙하고 온전한 인격, 다시 말해 '하나님의 사람'(1:4, 3:2)을 만들어 간다. 이때 '인내'는 영적 고난을 통과하는 능동적이고 목적지향적인 삶의 자세이자, 하나님 나라 백성의 필수 덕목으로 작동한다.

(3) '온전함'의 의미 : 텔레이오스(τέλειος)와 야고보서의 영성

야고보서 1:4은 다음과 같이 말한다.

"인내를 온전히 이루라 이는 너희로 온전하고(τέλειοι) 구비하여(ὁλόκληροι) 조금도 부족함이 없게 하려 함이라."

(a) '텔레이오스'의 기본 의미

헬라어 '텔레이오스'(τέλειος)는 일반적으로 '성숙한, 완전한, 온전한'을 뜻한다.

그러나 이는 단순히 결점이 없음이 아니라, 목적에 부합하여 완성된 상태를 가리킨다. 즉, 하나님이 의도하신 인간의 전인격적 성숙과 완성을 말한다.

헬라 철학에서 '텔로스'(τέλος)는 목적, 궁극을 뜻했으며, 텔레이오스는 그런 목적에 이른 상태를 가리켰다. 야고보는 이 개념을 히브리적 실천윤리와 연결하여 사용한다.

(b) 야고보서 내 사용 예

구절	헬라어 원형	의미
1:4	τέλειος (teleios)	인내의 결실로 완성되는 성숙한 인격
1:25	τέλειος (teleios)	'자유하게 하는 온전한 율법' – 실천을 요구하는 율법
2:8	τελέω (teleō)	"사랑의 율법을 온전히 이루다" – 율법의 완성
2:22	τελειόω (teleioō)	믿음이 행함으로 완전하게 되다
3:2	τέλειος (teleios)	혀를 제어하는 자를 '온전한 사람'으로 평가

여기서 중요한 것은, 야고보서에서 '온전함'은 단지 내면적 신앙의 진실성이 아니라, 행함과 언행일치로 드러나는 외면적 성숙을 반드시 포함한다는 점이다.

(c) 1:4의 '온전한 행위'

1:4은 앞절(1:3)과 긴밀하게 연결되며, 믿음의 시련 ▶ 인내 ▶ 온전함이라는 야고보서의 핵심 논리 구조를 보여주는 중요한 말씀이다. 야고보는 여기서 '인내'(ὑπομονή)가 '온전한 행위'(ἔργον τέλειον)를 낳도록 하라고 권면한다. 개역 개정은 "인내를 온전히 이루라"고 번역했지만, 헬라어 원문에 따르면, 보다 정확한 번역은 "인내가 온전한 행위를 이루도록 하라"다.

여기서 '인내'는 수동적인 참음이 아니라, 믿음으로 시험을 견디며 적극적으로 지속하는 영적 자세를 뜻한다. 야고보가 강조하는 인내는 단지 시간의 경과를 기다리는 인내가 아니라, 신자의 내면을 다듬고 성숙하게 하는 도구다. 이러한 인내는 결과적으로 '온전한 행위', 즉 신자의 삶 속에서 인내가 낳은 영적 성숙과 완성을 포함한 실천적 열매를 낳는다.

'온전한 행위'는 단순한 외적 행위가 아니라, 전인적 신앙 성숙의 총체적 결과를 의미한다. '행위'라는 표현은 여기서 시험과 인내라는 과정을 통해 드러나는 내면의 완성된 상태와 그에 수반되는 삶의 태도를 가리킨다. 따라서 이 표현은 야고보서가 지향하는 행위로 완성되는 믿음의 길과도 일치한다.

야고보는 이 과정을 통해 "너희로 온전하고 구비하여 조금도 부족함이 없게 하려 함이라"는 목적을 밝힌다. 여기서 사용된 '온전한'(τέλειος)과 '구비한'(ὁλόκληρος)은 함께 쓰여, 신자의 인격적 완성과 성숙한 영적 상태를 지칭한다. 그리고 '조금도 부족함이 없다'(ἐν μηδενὶ λειπόμενοι)는 표현은 전인적 구비됨의 궁극적 상태를 묘사한다.

결국 이 구절은 시험을 통해 신자 안에서 인내가 자라나고, 그 인내는 성숙하고 온전한 삶을 만들어 내며, 이는 야고보서 전체가 강조하는 신앙의 실천과 온전한 인격 형성의 핵심 주제와도 연결된다. 이처럼 야고보는 믿음과 인내, 그리고 그로부터 비롯된 실천적 성숙을 통해 하나님이 원하시는 온전한 신자의 모습을 제시하고 있는 것이다.

■ 종합 정리

구분	헬라어	위치	의미 요약
시험(시련)	πειρασμός	1:2 외	신자에게 주어지는 외적 · 내적 도전
믿음의 시련	δοκίμιον	1:3	믿음의 진위를 드러내는 정화 작용
온전함	τέλειος	1:4 외	신자의 성숙과 실천으로 완성되는 신앙의 통합
온전한 행위	ἔργον τέλειον	1:4	시험 속에서 나타나는 행동의 성숙한 열매

4) 신학적 · 교회적 적용

한국 교회는 고난을 '하나님의 징계'로 단순화하거나, '축복의 반대'로 해석해 버리는 경향이 있다.

그러나 야고보서에서 시련은 축복의 과정이며, 신앙의 필수 성장 경로다.

시련을 피하려는 신앙은 '값싼 구원론'의 한계에 머문다.

진짜 믿음은 시련 속에서 검증된다.

5) 묵상과 실천 가이드

나의 현재 시련은 믿음을 어떻게 연단하고 있는가?

나는 시련을 기쁨으로 해석하는 영적 관점을 가지고 있는가?

시련 속에서 감사와 기도의 훈련을 실천해 보자.

2. 야고보서 1:5~8 지혜를 구하라 : 흔들리지 않는 믿음

1) 본문(개역 개정)

5절 : 너희 중에 누구든지 지혜가 부족하거든 모든 사람에게 후히 주시고 꾸짖지 아니하시는 하나님께 구하라. 그리하면 주시리라.

6절 : 오직 믿음으로 구하고 조금도 의심하지 말라. 의심하는

자는 마치 바람에 밀려 요동하는 바다 물결 같으니

7절 : 이런 사람은 무엇이든지 주께 얻기를 생각하지 말라.

8절 : 두 마음을 품어 모든 일에 정함이 없는 자로다.

2) 본문의 구조 – 지혜를 구하는 믿음

절	담화 기능	내용
1:5	권고문	지혜가 부족하거든 후히 주시고 꾸짖지 않으시는 하나님께 구하라
1:6	조건 강조/비유 사용	믿음으로 구하되 조금도 의심하지 말라 – 의심하는 자는 바람에 밀려 요동하는 바다 물결 같음
1:7	경고문	그런 사람은 아무것도 주께 얻을 줄로 생각하지 말라
1:8	설명 / 이유문	그는 두 마음을 품은 자로 모든 길에 정함이 없는 자임

3) 논증 흐름 설명

이 단락은 앞선 1:2~4절에서 말한 시험을 온전히 기쁘게 여기는 신앙과 인내를 통한 온전함에 이르는 영적 성숙이라는 주제를 실천적으로 이어 주는 연결 고리 역할을 한다. 즉, 야고보는 단순히 '시험의 유익'을 말하는 데서 멈추지 않고, 실제로 시험 중에 그것을 감당할 수 있는 지혜의 필요성을 제기한다.

1절에서 수신자를 '흩어진 열두 지파'라고 한 점을 고려하면, 이 지혜는 단순한 지식이 아니라, 고난과 시련의 삶 속에서 하나님의 뜻을 식별하고, 그에 합당한 삶을 선택할 수 있는 영적 통찰을 의미한다. 이 지혜는 히브리 지혜 전통의 맥락에서도, 신약에서의 '신적 분별'이라는 주제와도 맞닿아 있다.

(1) 5절 : 지혜의 필요성과 하나님께의 요청

"너희 중에 누구든지 지혜가 부족하거든 모든 사람에게 후히 주시고 꾸짖지 아니하시는 하나님께 구하라 그리하면 주시리라."

야고보는 지혜의 결핍을 시험과 시련을 통과하며 온전함에 이르는데 반드시 극복해야 할 문제로 간주한다. 여기서 말하는 지혜는 일반적인 지식이나 세속적 처세술이 아니라, 하나님을 경외하고 고난의 의미를 통찰할 수 있는 신적 통찰력이다. 이 지혜는 하나님께서 후히 주시고 꾸짖지 않으시는 분이라는 신적 성품에 기반해 요청되어야 하며, 믿음으로 구하는 기도와 깊은 관련이 있다.

여기서 '꾸짖지 않으신다'는 표현은 하나님이 우리의 무지나 연약함을 책망하거나 실망하지 않으신다는 매우 위로가 되는 말이다. 또한 '후히 주신다'는 표현은 하나님의 관대하심과 인격적인 응답성을 강조한다. 이것은 3:17에서 말하는 "위로부터 난 지혜는 먼저 성결하고 관용하며"라는 지혜의 본성과도 연결된다.

(2) 6~8절 : 믿음 없는 요청에 대한 경고

"오직 믿음으로 구하고 조금도 의심하지 말라......"

야고보는 지혜를 구하는 데 믿음 없는 태도를 강하게 경계한다. 여기서 '의심'은 단순한 일시적 흔들림이 아니라, 내적 분열, 즉 하나님에 대한 신뢰와 세상적 계산 사이에서 갈팡질팡하는 이중성을 의미한다.

야고보는 이런 사람을 '바람에 밀려 요동하는 바다 물결'에 비유하면서(6절), 하나님으로부터 아무것도 받을 수 없을 것이라고 단호히 말한다(7절). 이는 믿음 없는 기도가 단지 응답받지 못하는 것이 아니라, 하나님의 성품과 구속사의 목적에 대한 신뢰 결여라는 점에서 근본적인 신앙 결함을 드러낸다.

'두 마음을 품은 사람'이라는 표현은 4:8에서도 재사용되며, 내면의 분열된 상태, 즉 하나님과 세상 사이에서 결단하지 못하는 신앙을 뜻한다. 이는 지혜 없는 자의 전형이며, 궁극적으로 신앙의 온전함에서 멀어진 사람을 가리킨다.

(3) 연결 구조와 야고보서 전체와의 관련성

이 단락(1:5~8)은 단순히 '지혜를 구하라'는 독립적 권고가 아니라, 1:2~4에서 말한 시련과 온전함의 흐름을 이어가는 실천적 적용이다. 동시에, 야고보서 3:13~18의 참된 지혜에 대한 묘사와도 구조적으로 연결된다.

3:15의 '땅 위의 것이고 정욕의 것이며 귀신의 것으로서의 지혜'와 대조되는 1:5의 '하나님께 구해야 할 지혜', 3:17의 '위로부터 난 지혜'와 1:5의 '하나님으로부터 온 지혜'는 본질적으로 동일한 개념의 반복

으로 이해된다.

또한, 1:6~8의 '의심하는 자, 두 마음 품은 자'는 야고보서 전반에서 반복되는 '분열된 신앙'이라는 주제의 초기 정식화라고 할 수 있다.

이는 1:22의 '듣기만 하고 행하지 않는 자'(=이중적 태도), 2:14의 '행함 없는 믿음', 4:8의 '두 마음 품은 자'라는 표현으로 이어지며, 야고보서 전체에서 하나님 앞에서의 정직한 일관성 있는 신앙이라는 윤리적 주제를 강조하는 근거가 된다.

4) 신학적 · 교회적 적용

야고보서 1:5~8은 시험을 만났을 때 교회 공동체가 어떤 자세로 하나님께 나아가야 하는가를 가르쳐 준다. 이 단락은 특히 지혜의 신학을 통해 교회의 실천 윤리를 형성한다.

(1) 지혜는 공동체를 위한 선물이다

'지혜'는 단지 개인적인 통찰이나 내면의 깨달음이 아니라, 공동체 전체가 고난 중에도 하나님의 뜻에 따라 움직일 수 있도록 하는 영적 능력이다. 하나님은 꾸짖지 않고 후히 주시는 분이므로, 교회는 위기를 만나도 두려움보다 믿음의 지혜로 응답해야 한다.

(2) 믿음 없는 기도는 공동체의 분열을 초래한다

야고보가 경고하는 '의심하는 자'는 공동체의 신뢰망을 허무는 존재다. 교회는 기도할 때 하나님에 대한 일관된 신뢰와 공동체 간의 영적 연대 안에서 구해야 하며, 내적 분열은 교회의 영적 무능으로 이어질 수 있음을 기억해야 한다.

(3) 지혜는 윤리적 통전성과 연결된다

1:5~8의 지혜는 단순한 '판단력'이 아니라, 3:17에 드러나는 성결, 화평, 관용, 양순, 긍휼, 선한 열매, 편견 없음, 거짓 없음과 같은 삶의 태도와 밀접하게 연결된다. 교회는 기도만으로 끝나는 것이 아니라, 지혜를 따라 실천하는 공동체로 살아야 한다.

5) 묵상과 실천 가이드

나는 시험을 당할 때 즉시 지혜를 구하고 있는가? 아니면 문제 해결만을 기도하고 있는가?

"지혜를 주시는 하나님은 후히 주시며 꾸짖지 않으신다"는 말씀을 나는 정말 믿고 있는가?

나는 기도하면서도 동시에 불신을 품고 있지는 않은가?

'두 마음을 품은 자'라는 말이 내 신앙의 상태를 보여주는 것은 아닌가?

하나님께서 주시는 지혜는 나의 일상과 공동체 생활에서 어떤 열매를 맺고 있는가?

3. 야고보서 1:9~11 부와 가난의 시험

1) 본문(개역 개정)

9절 : 낮은 형제는 자기의 높음을 자랑하고

10절 : 부한 자는 자기의 낮아짐을 자랑할지니 이는 그가 풀의 꽃과 같이 지나감이라.

11절 : 해가 돋고 뜨거운 바람이 불어 풀을 말리면 꽃이 떨어져 그 모양의 아름다움이 없어지나니, 부한 자도 그가 행하는 일에 이와 같이 쇠잔하리라.

2) 본문의 구조 – 낮은 자와 부한 자

절	담화 기능	내용
1:9	권고문	낮은 형제는 자기의 높음을 자랑하라
1:10a	권고문	부한 자는 자기의 낮아짐을 자랑하라
1:10b~11	이유/비유문	부한 자는 풀의 꽃처럼 사라질 것임 – 해와 바람의 비유 사용

3) 논증 흐름 설명 : 왜 여기서 '부와 가난'을 말하는가?

(1) 시련의 구체적 예시

야고보서 1:5~8에서 지혜를 구하라고 한 것은, 단순히 신학적 추상 개념이 아니라 삶의 실제적 문제를 해석하는 지혜를 말한다. 그 실제적 문제의 대표적인 사례가 바로 '부와 가난의 시험'이다.

야고보는 시련과 시험을 구체적으로 어떻게 견딜 것인가를 설명하면서 '경제적 지위'라는 실제적 시험을 예로 든다. 즉, 부와 가난의 문제는 삶에서 가장 흔하고도 강력한 시험이며, 신앙인의 지혜로운 해석을 요청하는 구체적 장이다.

(2) 가난과 부유의 시험: 역전된 자랑

야고보서 1:9~11은 당시 공동체 안의 사회적 계층 차이와 그것이 신앙에 주는 시험을 다룬다. 본문은 두 부류를 병치한다. "낮은 형제는 자기의 높음을 자랑하고, 부한 자는 자기의 낮아짐을 자랑하라." 여기에는 두 가지 역설이 담겨 있다.

의미의 역설 : 세상의 눈으로 볼 때 가난한 자는 낮고, 부한 자는 높다. 그러나 신앙의 눈으로 보면 가난한 자는 그리스도 안에서 이미 높아졌고(하나님의 상속자, 공동체의 형제), 부한 자는 잠시 후 사라질 세상 부에 의존하는 존재로서 낮다.

해석의 지향 : '자랑하라'는 명령은 세상적 교만이 아니라, 하나님이 주신 새로운 정체성과 은혜를 기뻐하라는 뜻이다. 가난한 자는 그리스도 안에서 누리는 영적 부요를, 부한 자는 그리스도 앞에서 자신이 의존적 피조물임을 깨닫는 겸손을 자랑하는 것이다.

이 명령은 단순한 심리적 위로나 부의 부정이 아니다. 오히려 믿음이 세상 가치 체계를 전복하는 방식, 곧 십자가의 가치관을 보여준다. 여기서 부유와 빈곤은 단순한 경제 상태가 아니라, 시험이 작동하는 환경이다. 가난한 자는 결핍 속에서 하나님의 공급을 신뢰하는 시험을, 부한 자는 부유 속에서 하나님 아닌 재물에 마음을 두지 않는 시험을 받는다.

해석의 분기 : 여기에는 두 가지 해석 경로가 있다.

권면적 해석 : "부한 자는 자기의 낮아짐(궁극적 심판 · 타격 · 재산 상실)을 기억하여 오히려 그 낮아짐을 자랑하라(겸손을 취하라)", 즉 부자는 자신의 일시적 우위에 자만하지 말고 낮아지는 것을 기억하며 겸손하라는 촉구.

아이러니/풍자적 해석 : "부자는 결국 낮아질 것이니, 마치 자랑거리처럼 그 낮아짐을 '미리' 자신의 것(정체성)으로 받아들이라." 이는 현세적 부자들의 허영 · 자랑을 조롱하고 그 덧없음을 폭로하는 수사법이다.

본문 맥락과 야고보의 윤리적 목적을 고려할 때, 권면적, 종말론적 해석(부자가 낮아짐을 기억하고 겸손하라)이 더 낫다고 볼 수 있다. 이것은 야고보가 일관되게 지향하는 '겸손 · 공평 · 실천'의 윤리와 맞닿기 때문이다. 그러나 풍자적 어조('당신이 자랑할 것은 결국 없다'는 폭로)도 이중으로 작용하여 청중의 각성을 유도한다고 보아야 한다.

야고보는 이어 들판의 풀과 꽃의 이미지(사 40:6~8 인용)를 사용하여, 부요함이 얼마나 덧없고 일시적인지를 묘사한다. 햇볕이 돋고 뜨거운 바람이 불면 풀은 마르고 꽃은 떨어지듯, 부한 자의 재물과 지위도 결국 사라진다. 따라서 신앙인은 부나 가난 그 자체보다, 그 상황을 어떻게 해석하고 살아내는가가 중요하다. 가난은 믿음 안에서 높아진 자로서의 정체성을 재확인하는 기회이며, 부유함은 스스로 낮추어 하나님의 은혜에 전적으로 의존하는 겸손을 배우는 시험이 된다.

이렇게 볼 때, 가난과 부유 모두 시험의 장(場)이다. 가난한 자는 절망과 열등감의 유혹을 견뎌야 하고, 부한 자는 교만과 자기 의존의 함정을 이겨내야 한다. 두 부류 모두 세상의 가치와 반대되는 '역전된 자랑'을 통해, 하나님 나라의 가치관 속에서 자신의 위치를 새롭게 정의해야 한다. 야고보는 이를 통해 모든 신자가 동일한 신앙의 토대 위에 서도록 이끈다.

(3) 흐름의 유기적 연결

야고보는 1:2~4에서 시련의 의미를 강조했고, 1:5~8에서는 지혜를 구하라고 했다. 그리고 '구체적 시험'의 한 예로 부와 가난을 제시하고, 이어지는 1:12에서 다시 "시험을 견디는 자가 복이 있다"는 결론으로 흐름을 회귀한다.

따라서 '시련 ▶ 지혜 ▶ 구체적 시험(부와 가난) ▶ 시험을 견디는 복' 이러한 유기적 논증 구조가 야고보서 1:2~12에 내재해 있다.

4) 신학적 · 교회적 적용

신학적 : 야고보는 '하나님의 가치관'(하향—상향, 의로움의 역설)을 전제로 신자 정체성을 재구성한다. 가난은 부정적 낙인이 아니라 하

나님의 높임을 기다리는 자리이며, 부는 축복의 표시일 수 있으나 동시에 휘발성의 위험성을 담고 있어 영적 자기정리를 요구한다.

목회적 : 가난한 성도에게는 희망의 설득을 제공한다. 사회적 낮음이 곧 영적 낮음을 뜻하지 않으며, 하나님 안에서 이미 혹은 결국 높여짐을 확신하라. 이는 무기력과 수치로부터의 해방을 돕는다.

부유한 성도에게는 경고와 회개의 촉구다 : 재물의 일시성 · 타인의 고난을 기억하게 하여, 재물을 '겸손 · 섬김'의 도구로 전환하도록 권면한다.

공동체적 적용 : 교회 내부에서 '계급적 · 경제적 편견'을 제거하고, '영적 존엄'에 따라 서로 대우하도록 훈련시킬 수 있다.

5) 묵상과 실천 가이드

나는 가난이나 부유함 속에서 나의 자랑을 어디에 두고 있는가?

나는 부자이든 가난한 자이든, 하나님 앞에서 어떤 태도를 선택하고 있는가?

나의 재정과 물질이 이웃을 위한 구체적인 사랑의 통로가 되고 있는가?

6) 요약

야고보가 '부와 가난'을 시련의 구체적 사례로 언급한 이유는, 신앙의 참된 기준이 세상의 가치가 아니라 하나님 안에 있음을 분명히 하기 위해서다.

이것은 야고보서의 핵심 주제, '행하는 믿음'을 가장 실제적인 삶의 영역에서 적용하는 첫 걸음이다.

4. 야고보서 1:12~18 시험의 의미와 하나님의 선하심 – 욕망, 유혹, 그리고 구원

1) 본문(개역 개정)

12절 : 시험을 참는 자는 복이 있나니 이는 시련을 견뎌 낸 자가 주께서 자기를 사랑하는 자들에게 약속하신 생명의 면류관을 얻을 것이기 때문이라.

13절 : 사람이 시험을 받을 때에 내가 하나님께 시험을 받는다 하지 말지니 하나님은 악에게 시험을 받지도 아니하시고 친히 아무도 시험하지 아니하시느니라.

14절 : 오직 각 사람이 시험을 받는 것은 자기 욕심에 끌려 미혹됨이니

15절 : 욕심이 잉태한즉 죄를 낳고 죄가 장성한즉 사망을 낳느니라.

16절 : 내 사랑하는 형제들아, 속지 말라.

17절 : 온갖 좋은 은사와 온전한 선물이 다 위로부터 빛들의 아버지께로부터 내려오나니 그는 변함도 없으시고 회전하는 그림자

도 없으시니라.

18절 : 그가 그 피조물 중에 우리로 한 첫 열매가 되게 하시려고 자기의 뜻을 따라 진리의 말씀으로 우리를 낳으셨느니라.

이 단락은 신자들이 겪는 시험과 유혹의 실체를 밝히고, 그 속에서 하나님이 어떤 분이신지를 명확히 드러낸다. 시험은 결코 하나님에게서 오는 것이 아니라 사람의 욕심에서 비롯되며, 하나님은 오히려 진리의 말씀으로 새 생명을 주시는 분이시다. 유혹에 대한 경계와 동시에, 선하신 하나님에 대한 신뢰를 회복시키는 구원론적 단락이다.

2) 본문의 구조 – 시험과 유혹의 출처

절	담화 기능	내용
1:12	복 선언	시험을 견디는 자는 복이 있다 – 생명의 면류관을 얻을 것이다
1:13	경고문/구별 설명	시험을 받을 때 "하나님께서 나를 시험하신다" 하지 말라
1:14~15	설명	시험은 욕심에서 비롯되고, 욕심은 죄를 낳고 죄는 사망을 낳는다
1:16~17	교훈/전환 강조	속지 말라 – 모든 좋은 은사와 온전한 선물은 위로부터 온다
1:18	신학적 선언	하나님은 말씀으로 우리를 낳으셔서 피조물 중 첫 열매가 되게 하셨다

3) 논증 흐름 설명

(1) 시험을 견디는 자의 복(1:12)

야고보는 시련을 최종적으로 견뎌 낸 자에게 '생명의 면류관'이 주어진다고 선언한다. 이는 2~4절의 시련과 인내의 주제를 다시 불러오며, 결론적으로 시험의 영적 유익을 강조한다.

'면류관'은 고대 경기장에서 승리자에게 주어지는 월계관을 연상시키는 단어로, 시험을 이기는 신앙의 영광스러운 결말을 강조한다. 이는 사도 바울이 말하는 '의의 면류관'(딤후 4:8)과도 공명하며, 믿음의 결승선까지 달려가는 인내를 촉구하는 것이다.

(2) 시험의 출처는 하나님이 아니다(1:13)

야고보는 신학적으로 매우 중요한 교정을 한다. 시험이 왔을 때, 사람들은 쉽게 "하나님이 나를 시험하신다"고 책임을 전가한다.

그러나 야고보는 단호히 말한다. 하나님은 악의 시험자가 아니다. 하나님은 선만을 주시는 분이시다.

이 대목은 욥기의 신학과도 대비된다. 욥은 시험의 출처를 궁극적으로 하나님께 돌리지만, 야고보는 시험의 출발을 철저히 인간의 욕심에서 찾는다.

(3) 욕심 – 죄 – 사망의 삼중 구조(약 1:14~15)

야고보는 여기서 인간 내면의 욕심(ἐπιθυμία)이 어떻게 죄로, 그리고 결국에는 사망에까지 이르게 되는지를 마치 생명 탄생의 과정처럼 점진적이고 필연적인 발전 구조로 묘사한다. 이 구절은 고전적인 죄의 발생과정에 대한 성경적 통찰을 압축한 구절로, 인간 존재의 타락성과 책임을 함께 조명한다.

욕심 : "오직 각 사람이 시험을 받는 것은 자기 욕심에 끌려 미혹됨이니"(1:14)에서 보듯, 시험은 외부로부터의 공격만이 아니라 내면에 자리 잡은 욕망에서 시작된다. '욕심'은 그 자체로 죄는 아니지만, 미혹하고 끌어당기는 성질을 지니며, 이를 방치하면 죄로 이어지게 된다.

죄 : "욕심이 잉태한즉 죄를 낳고"(1:15)라는 표현은 욕심이 죄를 '잉태한다'는 생명 은유를 사용하고 있다. 이는 욕심이 단순한 충동이 아니라 의지와 결합할 때 구체적인 죄의 행위로 발전한다는 의미다. 야고보는 죄를 단순한 행위나 규범 위반으로 보지 않고, 욕망이 내면에서 양육되고 실현되어 가는 생명적 역학으로 파악한다.

사망 : "죄가 장성한즉 사망을 낳느니라."(1:15) 죄는 더 이상 잠재적인 상태에 머무르지 않고, 반복되고 방치될 때 '장성하여' 파국으로 치닫는다. 야고보는 이것이 사망, 곧 하나님과의 단절과 영적 파멸이라는 필연적 결말로 이어진다고 경고한다.

이 삼중 구조는 단지 신학적 경고에 그치지 않고, 독자에게 자신 내면의 욕망을 점검하게 하며, 반복되는 죄의 유혹에 대해 단호한 단절을 결단하게 만든다. 야고보는 시험의 책임이 하나님께 있지 않고, 인간의 내면에서 비롯된다는 사실을 분명히 하며, 그 결과로 오는 파멸의 경로를 역동적으로 보여준다.

(4) 속지 말라 : 전환의 경고(1:16)

야고보서 1:13~15에서 야고보는 유혹과 죄의 기원을 사람의 욕심에서 비롯된 것으로 분명히 밝힌다. 이어지는 1:16~18은 이러한 주장에 대한 신학적 보강과 교정으로, "시험은 하나님에게서 온 것이 아니다"라는 전환점을 강조한다. 이 단락은 하나님에 대한 오해를 교정하고, 그분의 본성과 신자의 구원을 다시 정립한다.

16절은 13~15절과 17~18절 사이에서 신학적 전환의 경첩 역할을 한다.

"속지 말라"는 말은 앞의 잘못된 관점(하나님이 유혹하신다는 생각)을 반박하며, 동시에 뒤따를 교훈에 주의를 기울이게 하는 경계의 외침이다.

'내 사랑하는 형제들아'는 야고보가 자주 사용하는 목회적 호칭으로, 독자들에게 정서적 신뢰와 관심을 유도한다.

이 구절은 간결하지만, 이후 17절의 논지, 곧 하나님은 시험을 주시는 분이 아니라 '좋은 것만을 주시는 분'임을 올바로 이해하게 하는 신학적 안내 역할을 한다.

(5) 모든 선한 은사의 근원 되시고 변함도 없으신 하나님(1:17)

야고보는 이 구절을 통해 하나님이 어떤 분이신지를 선언적으로 묘사하며, 앞서 말한 "유혹은 하나님에게서 오는 것이 아니다"(1:13~15)는 주장을 신학적으로 정당화한다.

'온갖 좋은 은사(δόσις)'와 '온전한 선물(δώρημα)' : 이 두 표현은 문법적으로는 약간 다른 의미를 지닌 단어이나, 실제로는 하나님으로부터 주어지는 선하고 완전한 모든 것을 포괄하는 병렬 표현으로 이해된다. 일부 학자들은 전자는 '행위 자체'를, 후자는 '그 행위의 결과물'을 가리킨다고 보지만, 그 차이는 강조의 차이일 뿐 본질적으로 하나님의 주권적 선물성과 그 완전성을 강조하는 데 사용된 표현이다.

'빛들의 아버지' : 고대 유대 전통과 헬레니즘적 표현이 결합된 이 문구는 해와 달과 별들을 창조하신 하나님, 곧 창조주 하나님을 가리킨다(창 1:14~18). 그러나 이 표현은 단지 자연 현상에 국한되지 않고, 빛의 원천이자 생명의 근원이신 하나님에 대한 시적 묘사이기도 하다.

"변함도 없으시고 회전하는 그림자도 없으시니라" : 이것은 하늘의 빛, 즉 해와 달이 변화하는 것과 달리, 하나님은 절대적으로 변하지 않으시는 분이라는 신학적 선언이다. 이사야 40:8("풀은 마르고 꽃은 시드나 우리 하나님의 말씀은 영영히 서리라")을 떠올리게 하듯, 하나님의 선하심은 언제나 동일하며, 결코 유혹이나 악을 일으키는 근원이 될 수 없다는 강한 변증적 선언이다.

요약하면, 야고보는 여기서 다음을 강조한다.

모든 선한 것은 하나님에게서만 온다. 하나님은 창조주이며 변함없는 존재이시다. 따라서 하나님은 악의 유혹이나 시험을 일으키는 분이 결코 아니다.

(6) 진리의 말씀으로 우리를 낳으신 새 창조의 하나님(1:18)

야고보는 하나님의 선하심을 보여주는 구체적인 예로 신자들의 '영적 출생'(거듭남)을 제시한다.

'자기 뜻을 따라' : 신자의 구원은 하나님의 주권적 선택과 의지에 기초한 선물이라는 점을 강조한다. 인간의 공로나 자율적 선택이 아닌, 하나님의 선하신 의도에 따른 은혜의 결과다.

'진리의 말씀으로' : 이 표현은 신약에서 일반적으로 복음을 가리키는 용어다. 예컨대, 에베소서 1:13, 골로새서 1:5, 디모데후서 2:15에서도 이 표현은 하나님이 그리스도 안에서 베푸시는 구원의 메시지를 의미한다.

야고보는 복음을 '진리의 말씀'이라 부름으로써, 그 말씀을 통해 하나님이 신자에게 생명을 주셨다는 사실을 선언한다. 이것은 요한복음 1:13의 "이는 혈통으로나 육정으로나 사람의 뜻으로 나지 아니하고 오직 하나님께로부터 난 자들이니라"와 깊이 연결되어 있다.

'우리로 한 첫 열매가 되게 하시려고' : 여기서 '첫 열매'는 구약의 제사 전통에서 유래한 개념으로, 하나님께 바치는 첫 소산, 즉 가장 귀하고 순결한 것을 가리킨다(레 23:10~14).

신약에서는 이 표현이 그리스도인들을 하나님의 새 창조의 시작으로 상징할 때 자주 사용된다(롬 8:23, 고전 15:20). 따라서 야고보는 신자들이 하나님의 구속 사역의 첫 열매, 새 창조의 시작점, 즉 하나님 나라의 선취적 실현이라는 점을 밝히고 있는 것이다.

야고보는 이 대목에서 단순히 "하나님은 좋은 분이다"라고 말하는 것을 넘어, 그 좋은 은혜의 정점이 곧 '복음을 통한 새 생명'이며, 신자들이 그 새로운 창조의 '첫 열매'로 부름받은 존재임을 말한다. 이는 곧, 야고보가 강조하는 '삶으로 드러나는 믿음'의 핵심 근거이기도 하다. 왜냐하면 신자란 단지 좋은 윤리를 실천하는 자가 아니라, 하나님이 진리의 말씀으로 낳으신 새로운 존재이기 때문이다.

요약 : 야고보서 1:17~18의 통합 메시지

구절	신학적 강조	핵심 메시지
1:17	하나님의 선하심과 변함 없음	선한 모든 것은 위로부터 오며, 하나님은 시험이나 유혹의 근원이 아님
1:18	복음을 통한 새 창조	신자들은 하나님의 말씀으로 새로 태어난 '첫 열매'로서, 새 창조의 출발점이자 복음의 열매

4) 신학적 · 교회적 적용

(1) 시험과 시련에 대한 신학적 재해석

야고보는 '시험'을 통한 영적 성숙과 구원의 완성을 강조하며, 시련을 단순한 고통이 아닌 신앙의 정금화 과정으로 바라본다(약 1:2~4, 12절).

교회는 고난을 겪는 성도에게 단순한 위로가 아닌 '생명의 면류관'이라는 종말론적 소망을 제시할 수 있어야 한다.

(2) 구원의 시작과 완성 사이를 잇는 공동체 역할

18절은 복음의 말씀으로 거듭난 자들이 '첫 열매'로 부름받았다고 말한다.

교회는 구원받은 자들의 공동체로서, 이 세상 안에서 하나님의 뜻을 먼저 살아내야 할 증언적 삶을 요청받고 있다.

(3) 죄와 유혹에 대한 교회의 가르침 회복

야고보는 죄의 내적 기원(욕심)과 결과(사망)를 강력히 드러낸다.

교회는 오늘날 죄와 유혹을 모호하게 만드는 흐름 속에서, 보다 분명한 죄의 구조와 치유의 길을 가르쳐야 한다.

5) 묵상과 실천 가이드

(1) 핵심 묵상 질문

나는 시련을 어떻게 해석하고 반응하고 있는가?

유혹이 다가올 때 나를 미혹하는 '**욕심**'은 무엇인가?

하나님의 '온전한 선물'로서의 구원에 내가 어떻게 반응하고 있는가?

(2) 실천 가이드

이번 주, 내 안의 욕심이 부풀어오르는 순간을 하루 한 번 기록하며 하나님께 고백해 보십시오.

복음이 내 안에 심긴 '진리의 말씀'이라면, 하루에 한 구절씩 복음을 묵상하고 그것을 기도문으로 바꾸어 보십시오.

시련 중인 이웃 한 사람을 위해 기도 혹은 실천적 돌봄을 행해 보십시오. 그것은 교회 공동체로서의 '첫 열매' 된 삶의 표현입니다.

5. 야고보서 1:19~21 말씀을 받을 준비 – 분노를 더디하고 온유로 심기운 진리를 품으라

1) 본문(개역 개정)

19절 : 내 사랑하는 형제들아 너희가 알지니 사람마다 듣기는 속히 하고 말하기는 더디 하며 성내기도 더디 하라.

20절 : 사람이 성내는 것이 하나님의 의를 이루지 못함이라.

21절 : 그러므로 모든 더러운 것과 넘치는 악을 내버리고 너희 영혼을 능히 구원할 바 마음에 심어진 말씀을 온유함으로 받으라.

2) 본문의 구조 – 말씀을 받는 태도

절	담화 기능	내용
1:19	권고문	듣기는 속히 하고, 말하기와 성내기를 더디하라
1:20	이유	사람의 분노는 하나님의 의를 이루지 못한다
1:21	권고문	모든 더러움과 악을 버리고, 능히 구원할 말씀을 온유함으로 받으라

3) 논증 흐름 설명

(1) 듣기, 말하기, 분노 : 신앙인의 말 습관(1:19)

야고보는 신앙 공동체 내의 실천 윤리로 '듣기, 말하기, 분노하기'의 균형을 요청한다.

① **'듣기는 속히 하라'** : 타자의 말, 말씀, 상황을 먼저 경청하라는 태도.

② **'말하기는 더디 하라'** : 말은 신중해야 하며, 쉽게 판단하거나 정죄하지 말라는 경고.

③ **'성내기도 더디 하라'**: 특히 공동체 내에서 쉽게 분노하지 말라는 권면.

이 세 가지는 공동체적 영성 훈련의 출발점이다.

(2) 사람의 분노와 하나님의 의(1:20)

야고보는 인간의 분노가 하나님의 의를 이루지 못한다고 단호하게 말한다.

'의'(δικαιοσύνη)는 히브리적 맥락에서 하나님 나라의 질서와 정의를 뜻한다. 인간의 즉각적이고 자기중심적인 분노는 결코 하나님의 뜻을 이루는 도구가 될 수 없다.

(3) 마음에 심어진 말씀을 온유함으로 받으라(1:21)

(a) 문맥적 배경

이 구절은 앞서 1:19~20의 권면, 즉 분노를 버리고 말씀을 듣는 태도에 대한 가르침과 연결되며, '말씀'에 대한 태도를 강조하는 절정으로서 기능한다. 특히 '심어진 말씀'이라는 표현은 앞 절들과 달리 정적 수용이 아닌 내면적 수용과 성장의 이미지를 담고 있어 본문 전체를 풍요롭게 해 준다.

(b) 문맥과 구조

1:18에서는 하나님의 '진리의 말씀'으로 우리가 거듭남을 경험했다면, 1:21에서는 그 '심겨진 말씀'이 전인 구원의 능력을 지니고 있다고 선언된다.

여기서 심어진 말씀과 영혼의 구원이라는 표현은 야고보서 전체의 구원론, 종말론, 윤리 신학의 핵심 축이라 할 수 있다.

(c) '마음에 심어진 말씀'의 의미

야고보는 1:21에서 "너희 영혼을 능히 구원할 바 마음에 심어진 말씀을 온유함으로 받으라"고 말한다. 여기에서 '심어진 말씀'은 단순히 외부에서 들은 말씀이 아니라, 이미 내면에 뿌리내리고 자라고 있는 살아 있는 말씀을 의미한다. 이것은 1:18절의 "그가 ... 진리의 말씀으로 우리를 낳으셨느니라"는 말씀과 긴밀히 연결된다. 즉, 하나님이 진리의 말씀을 통해 신자들을 거듭나게 하셨고, 그 말씀은 생명의 씨앗으로 신자의 마음 속에 심겨진 것이다.

이 '심어진 말씀'은 단지 하나님의 계시된 말씀 일반을 가리키는 것이 아니라, 구원의 씨앗으로서의 복음, 즉 예수 그리스도의 말씀을 의미한다고 보는 것이 일반적인 해석이다. 이 복음이 바로 하나님께서 진리의 말씀으로 우리를 낳으신 그 말씀이며, 구원의 씨앗으로 우리 안에 자리 잡고 있는 것이다. 그리고 이 복음은 신자의 내면에 뿌리를 내려 자라나고, 궁극적으로는 구원을 이루는 생명의 원리로 작용한다.

한편, 이 말씀은 단순히 주관적 감동이나 내면의 인상이 아니라, 성령에 의해 심겨진 객관적이고 생명력 있는 하나님의 말씀, 곧 성경의 복음 진리 전체를 뜻한다. 특히 야고보서 전체 문맥에서 보면, 이 말씀은 하나님의 뜻을 구체적으로 드러내는 행함 있는 믿음의 삶을 촉구하는 말씀으로 해석될 수 있다. 따라서 '심어진 말씀을 받는다'는 것은 단지 인지적으로 동의하는 것이 아니라, 삶 속에서 말씀을 온유함으로 수용하고, 그것에 따라 사는 실천적 순종을 포함하는 것이다.

(d) '영혼을 능히 구원할 수 있는' 말씀

이 절에서 두드러지는 표현은 바로 '너희 영혼을 능히 구원할 바'다. 여기서 '영혼'에 해당하는 헬라어 '프시케'(ψυχή)는 단순히 인간의 비물질적인 '혼'만을 뜻하지 않는다. 많은 현대 독자들은 '영혼의 구원'을 육체에서 빠져나간 영혼이 천국으로 가는 것 정도로 이해하지만, 이는 헬레니즘적 이원론에 뿌리박힌 잘못된 이해에 불과하다.

야고보서가 뿌리내리고 있는 히브리적 인간관에 따르면, 인간은 육과 혼, 또는 육과 영혼이 분리된 존재가 아니라, 호흡하는 생명체 전체, 곧 전인적 존재다. 히브리어 '네페쉬'(נֶפֶשׁ)가 번역된 '프시케'는 때로는 생명 전체, 인격 전체를 가리키며, 분리된 '혼'을 의미하지 않는다.

이러한 히브리적 관점을 반영하여, 신약성경에서 '영혼의 구원'은 인간 전체의 구원을 의미하며, 삶과 죽음, 현재와 미래, 영혼과 육체를 모두 포괄하는 전인적이고 종말론적인 구원을 가리킨다. 야고보서 1:21, 5:20, 베드로전서 1:9의 '영혼의 구원'이라는 표현은 모두 생명 전체의 회복과 종말론적 완성에 이르는 구원을 지칭한다.

따라서 여기서 말하는 '영혼의 구원'은 단지 죽은 후 천국에 가는 것을 뜻하는 것이 아니라, 심판의 날에 온전한 구원에 이르기까지, 삶 속에서 말씀에 순종하며 자라나는 성화의 과정을 포괄한 구원이다.

야고보는 독자들에게 말씀을 마음에 뿌리내리고 실천할 때, 그 말씀이 삶 전체를 구원으로 이끌 힘을 지닌다고 말하는 것이다.

4) 신학적 · 교회적 적용

이 단락은 말씀 중심의 공동체 윤리에 대한 강력한 신학적 도전을 던진다. 여기서 강조되는 세 가지 태도(듣기는 속히 하고, 말하기와 성내기는 더디 하라)는 개인의 덕목을 넘어 교회 공동체 안에서의 신앙적 태도를 형성하는 기준이다.

말씀을 '온유함으로' 받는 자세는 교회 교육과 설교 사역의 핵심이다. 말씀을 지식이 아니라 마음에 심겨진 생명의 씨앗으로 이해하고, 이를 성령의 조명 아래 받아들이는 태도가 공동체의 생명력을 좌우한다.

또한 분노와 성급한 말은 교회 내 갈등, 분열, 불신의 원인이 된다. 따라서 이 단락은 공동체 내에서 말과 감정의 절제, 경청과 이해의 덕목을 회복하라는 교회 갱신을 위한 목회적 요청이다.

무엇보다 '마음에 심어진 말씀'이 영혼을 구원할 능력이 있다는 선언은 복음과 성경 중심의 신앙 회복을 촉구한다. 이는 교회의 존재 이유가 하나님의 말씀을 받고 실천하는 데 있다는 근본 명제를 다시금 강조하는 것이다.

5) 묵상과 실천 가이드

(1) 질문형 묵상

나는 어떤 상황에서 말보다 먼저 반응하거나, 분노로 말문을 열었던 경험이 있었는가? 그때의 결과는 어땠는가?

나는 말씀을 온유함으로 받는 자세를 평소에 유지하고 있는가, 아니면 판단과 논평으로 말씀을 다루고 있는가?

내 마음의 땅은 지금 하나님의 말씀이 심겨지기 적합한 상태인가, 아니면 잡초와 돌이 가득한 곳인가?

(2) 실천 지침

하루에 한 번, 침묵과 경청의 시간을 의도적으로 갖고, 주변 사람들의 말에 귀 기울이기.

분노가 올라올 때는 10초간 침묵하고 기도하는 습관을 들이기. "주님, 제 혀를 지켜 주십시오."

매주 한 번, 받은 말씀을 글로 정리하거나 나눔 모임에서 고백하며 '말씀을 받아들일 준비된 태도'를 훈련하기.

6. 야고보서 1:22~25 듣기만 말고 행하라
– 거울 속 자신을 잊지 않는 자의 복

1) 본문(개역 개정)

22절 : 너희는 말씀을 행하는 자가 되고 듣기만 하여 자신을 속이는 자가 되지 말라.

23절 : 누구든지 말씀을 듣고 행하지 아니하면 그는 거울로 자기의 생긴 얼굴을 보는 사람과 같아서

24절 : 제 자신을 보고 가서 그 모습이 어떠했는지를 곧 잊어버리거니와

25절 : 자유롭게 하는 온전한 율법을 들여다보고 있는 자는 듣고 잊어버리는 자가 아니요 실천하는 자니, 이 사람은 그 행하는 일에 복을 받으리라.

2) 본문의 구조 – 듣는 것으로 만족하지 말고 행하라

절	담화 기능	내용
1:22	권고문	말씀을 듣기만 하지 말고, 행하는 자가 되라 – 자신을 속이지 말라
1:23~24	비유/설명	듣기만 하고 행하지 않는 자는 자기 얼굴을 거울로 보고 잊는 자와 같다
1:25	대조/권면	자유하게 하는 온전한 율법을 들여다보고 행하는 자는 복을 받는다

3) 논증 흐름 설명

(1) 말씀을 행하는 자가 되라(1:22)

야고보는 22절에서 "너희는 말씀을 행하는 자가 되고 듣기만 하여 자신을 속이는 자가 되지 말라"고 강력히 명령한다.

이 구절은 야고보서의 핵심 신학이자, 본서 전체의 방향을 결정짓는 결정적인 선언이다.

야고보가 말하는 '듣는 것'은 단순한 청취를 의미하지 않는다. 당시 유대인 공동체는 율법을 공적으로 낭독하였지만, 실천 없는 '듣기'는 오히려 자기기만으로 이어졌다. 야고보는 이처럼 율법을 듣기만 하고 삶으로 실천하지 않는 상태를 '자기를 속이는 것'이라고 강하게 비판한다.

여기서 주목할 것은 듣기와 행하기의 상호 필연성이다. 야고보는 신앙을 '듣는 것'에서 멈추지 않고, 반드시 '행하는 것'으로 이어져야 한다고 본다. 행함 없는 믿음은 죽은 믿음(약 2:17)이라는 그의 신학은 바로 여기에서 출발한다.

야고보는 기독교 신앙의 본질을 '듣기'에서 '행하기'로 전환시킨다. 말씀을 듣기만 하면 자기 기만에 빠진다고 강조한다. 이는 루터 이후 '믿음으로만'을 절대화한 신학을 경계하는 강력한 메시지다.

(2) 거울 비유 : 듣고도 행하지 않는 자의 자기기만(1:23~24)

야고보는 1:23~24에서 '듣기만 하고 행하지 않는 자'(23a절)를 거울을 보는 사람에 비유하며, 행함 없는 신앙의 문제를 구체적으로 드러낸다.

23a절은 조건절로 시작되며 핵심 주제를 제시한다.

"누구든지 말씀을 듣고 행하지 아니하면 ......"

이 조건절의 가정은, 말씀을 듣는 것으로 신앙이 완성되지 않으며, 그 말씀이 삶으로 연결되지 않는다면 그 신앙은 결핍되어 있다는 것이다. 이에 대한 구체적 설명이 23b~24절의 거울 비유다.

23b~24절에서 거울을 보는 행위는 말씀을 듣는 행위에 대응하며, 곧바로 잊어버리는 모습은 말씀을 삶으로 실천하지 않는 태도와 평행을 이룬다. 여기서 핵심은 '자기 모습을 본 후 곧 잊어버리는 자'다. 이는 단순한 망각이라기보다, 말씀을 통해 자신을 인식했음에도 불구하고 그것이 삶의 변화를 일으키지 못한 상태를 의미한다.

즉, 야고보는 거울이라는 일상적 이미지를 통해, 말씀이 인간을 비추는 도덕적 거울이 되어 자신을 보게 할 수는 있지만, 그것이 삶의 변화로 이어지지 않으면 아무 소용이 없다는 점을 강조한다. 다시 말해, 말씀은 '실천'을 통해 비로소 자기인식과 자기변화로 연결된다는 것이 야고보의 메시지다.

이처럼 야고보는 말씀의 청취와 실천 사이의 간극, 그리고 그 간극에서 비롯되는 자기기만을 날카롭게 비판하고 있다. 이 맥락에서, 듣기만 하는 자는 실제로는 자신이 어떤 존재인지도 알지 못한 채 살아가는 자와 같으며, 진정한 신앙은 자기를 잊지 않고 말씀대로 살아가는 데서 드러난다는 점을 강조한다고 할 수 있다.

(3) 자유하게 하는 온전한 율법(1:25)

25절에서는 정반대의 경우, 즉 듣고 행하는 자를 보여준다. 야고보는 이 사람을 '자유하게 하는 온전한 율법을 들여다보고, 그것을 지켜 행하는 자'라고 부른다. 여기서 중요한 어구는 세 가지다.

'자유하게 하는 온전한 율법' : 야고보는 여기서 '자유하게 하는 온전한 율법'이라는 독특한 표현을 사용한다. 이 표현은 야고보서에서 매우 중요한 개념이며, 본문 전체를 관통하는 신학적 열쇠다.

'온전한 율법'(νόμος τέλειος)은 단순한 모세 율법이 아니다. 헬라어 '온전한'(τέλειος)은 '완성된', '목적에 도달한' 의미를 담고 있다. 즉, 야고보는 구약 율법이 예수 그리스도를 통해 완성된 율법을 가리키는 것이다. 이는 예수께서 "율법이나 선지자를 폐하러 온 것이 아니라 완전하게 하려 함이라"(마 5:17)고 하신 산상수훈의 선언과 맞닿아 있다.

'자유하게 하는'이라는 수식은 이 율법이 속박이나 짐이 아니라, 오히려 인간을 해방시키는 율법임을 강조한다. 율법을 지키는 것이 우리를 억압하는 것이 아니라, 진정한 자유의 길이라는 것이다.

야고보가 말하는 이 율법은 결국 사랑의 율법, 특히 '이웃 사랑'의 계명을 포함한다. 야고보는 2:8에서 "네 이웃 사랑하기를 네 몸과 같이 하라 하신 최고의 법"을 언급하며, 이 사랑이 율법의 중심임을 다시 강조한다.

이와 같은 맥락에서, 많은 주석가들은 '자유하게 하는 온전한 율법'을 예수님의 산상수훈과 이웃 사랑의 계명의 종합적 표현으로 이해한다.

'들여다보고' : 이는 헬라어 '파라큅테인'(παρακύπτειν)으로, 그냥 보는 것이 아니라 **주의 깊고 깊숙이 들여다보는 시선**을 의미한다. 즉, 말씀을 '스쳐 듣는 것'이 아니라, 깊이 성찰하고 내면화하는 태도를 의미한다.

'잊어버리는 자가 아니요, 실천하는 자니' : 이는 앞의 거울 비유와 대조되며, 말씀을 듣고 난 후 그것을 붙들고 살아가는 자를 말한다. 야고보는 이런 자가 '그 행하는 일에 복을 받으리라'고 선언함으로써, 듣는 것과 행하는 것의 결합이야말로 참된 신앙의 길이라고 역설한다.

결국 야고보는 23~25절 전체를 통해 두 종류의 신앙인을 선명하게 대비한다.

항목	말씀을 듣기만 하는 자 (23~24절)	말씀을 듣고 행하는 자(25절)
비유	거울을 보고 곧 잊는 자	자유의 율법을 깊이 들여다보는 자
태도	순간적 인식 ▶ 망각	주의 깊은 관찰 ▶ 실천
결과	자기기만	실천 속에서의 복

이 구조에서 야고보는 단순히 '행동 윤리'를 말하는 것이 아니라, 말씀이 인간 존재를 어떻게 형성하고 해방하는가라는 보다 신학적이고 존재론적인 주제를 다루고 있다고 볼 수 있다. 말씀은 단순히 '듣는 대상'이 아니라, 삶의 실천을 통해 비로소 그 진리성이 드러나는 인격

적 관계로 주어진다는 것이다.

(4) 말씀을 행하는 자는 어떤 복을 받는가?(1:25)

야고보는 "자유하게 하는 온전한 율법을 들여다보고 ... 행하는 자는 그 행하는 일에 복을 받으리라"고 말한다. 여기서 말하는 복은 무엇일까?

첫째, 말씀의 실천 안에서 누리는 삶의 조화와 자유다. '자유하게 하는 율법'은 우리를 얽매는 규범이 아니라, 하나님의 뜻 안에서 참된 인간됨을 회복하게 하는 질서다. 말씀을 삶에서 실천하는 사람은 억지로가 아니라, 하나님의 뜻과 삶의 현실이 일치되는 조화로운 자유를 경험한다.

둘째, 삶 속에서 하나님께 인정받고 열매 맺는 복이다. 이 복은 물질적 성공이 아니라, 행동하는 믿음이 삶을 변화시키는 능력으로 드러나는 것이다. 말씀을 따르는 삶 속에서 사랑, 자비, 정직, 인내의 열매가 나타나며, 이는 곧 하나님과 이웃 앞에서 '복된 삶'으로 증명된다.

셋째, 장차 하나님의 심판대 앞에서 받게 될 칭찬과 인정이다. 야고보서 전체의 문맥은 마지막 날의 심판과도 연결되어 있다(1:12; 2:12~13). 말씀을 실천한 자는 단지 이 땅에서 복을 누릴 뿐 아니라, 영원한 복, 곧 하나님의 인정과 영광에 참여하는 복을 얻게 된다.

4) 신학적 · 교회적 적용

이 단락은 신자 개인뿐 아니라 교회 공동체 전체에 대한 실천적 도전을 담고 있다. 단순히 말씀을 듣는 자가 아니라 말씀을 행하는 자가 되라는 요구는, 교회의 핵심 사명을 다시 정의한다.

설교 중심의 교회에서 행함 중심의 제자 공동체로의 전환이 요청된다. 듣는 것에만 만족하며 아무 변화 없는 신앙생활은 자기기만이다(1:22).

'자유하게 하는 온전한 율법'을 들여다보는 자는 복을 받는다고 했는데, 이는 구약 율법과 예수의 말씀을 실천적 사랑의 율법으로 통합하려는 야고보의 신학적 입장을 드러낸다. 신자는 말씀을 통해 참된 자유와 성숙으로 나아가는 존재임을 보여준다.

교회는 말씀 교육과 훈련을 정보전달 수준에 머무르지 않고, 삶을 변화시키는 실천의 장으로 승화시켜야 한다. 참된 말씀 공동체는 듣는 자의 수를 자랑하지 않고, 행하는 자의 열매로 증명되는 교회다.

5) 묵상과 실천 가이드

(1) 질문형 묵상

나는 말씀을 들은 뒤 그 말씀을 삶에 적용한 경험이 있는가, 아니면 듣고 곧 잊어버리는 경우가 더 많은가?

내 신앙은 '듣는 신앙'에 머물러 있는가, 아니면 '행하는 신앙'으로 성장하고 있는가?

나는 말씀을 마주한 거울로 생각할 때, 그 안에서 진짜 내 모습을 얼마나 자주 확인하는가?

(2) 실천 지침

주일 설교나 큐티 말씀에서 가장 마음에 와닿는 구절을 노트에 기록하고, 한 가지 적용점을 구체적으로 실천하기.

매주 한 번, '말씀 실천 점검일지'를 작성하여 말씀을 듣고 잊는 자가 아닌, 기억하고 살아내는 자로 살기.

말씀을 '자유하게 하는 온전한 율법'으로 이해하고, 율법적 의무가 아닌 자유 안에서의 실천으로 재해석해 보기.

6) 요약

야고보는 신앙의 완성은 실천 속에서 이루어진다고 강조한다. 듣기만 하는 신앙은 자기 기만이며, 자유하게 하는 온전한 율법을 삶에서 실천하는 자가 복을 받는다고 선포한다.

7. 야고보서 1:26~27 참된 경건의 길

1) 본문(개역 개정)

26절 : 누구든지 스스로 경건하다 생각하며 자기 혀를 재갈 물리지 아니하고 자기 마음을 속이면 이 사람의 경건은 헛것이라.

27절 : 하나님 아버지 앞에서 정결하고 더러움이 없는 경건은 곧 고아와 과부를 그 환난 중에 돌보고 또 자기를 지켜 세속에 물들지 아니하는 그것이니라.

2) 본문의 구조 – 참된 경건의 실천

절	담화 기능	내용
1:26	경고문	혀를 제어하지 못하고 경건하다 생각하는 자는 자기 마음을 속이는자이다
1:27	정의/권고문	하나님이 보시기에 정결하고 더러움 없는 경건은 고아와 과부를 돌보고 자신을 지키는 것이다

3) 논증 흐름 설명

이 두 절은 앞서 나온 거울 비유(1:23~25)와 '자유하게 하는 온전한 율법'의 내용이 삶 속에서 어떻게 구현되는가를 구체적으로 보여주는 결론적 실천 규범이라 할 수 있다.

야고보는 1:22에서 "말씀을 행하라"고 명령한 이후, 1:23~25에서 거울 비유를 통해 듣기만 하는 자와 실천하는 자를 대비하고, 1:26~27에서는 '말씀을 실천하는 자'가 어떤 삶을 살아야 하는지를 세 가지 영역으로 구체화한다.

(1) 1:26 – 혀를 제어하지 못하는 경건은 헛것이다

이 구절은 외적인 종교 행위가 진정한 경건이 아님을 경고한다. '경건하다고 생각한다'는 말은 겉으로는 경건해 보이나, 실제로는 자기기만에 빠진 상태를 지적한다. 여기서 핵심은 '혀를 제어하는 것'이다.

야고보는 이후 3장 전체를 할애해 혀의 위험성과 말의 책임성을 다루며, 신앙의 진정성은 말의 절제에서 드러난다는 점을 반복 강조한다. 즉, 말의 절제 없음은 곧 자기기만이며, 이는 앞서 1:22의 '자기를 속이는 자'와 긴밀하게 연결된다.

말씀을 듣기만 하고 혀를 제어하지 못한다면, 그 경건은 진실한 행함 없는 '헛된 신앙'이다.

(2) 1:27 – 참된 경건의 실천 : 고아와 과부를 돌아보는 것

이 구절에서는 참된 경건의 내용을 긍정적으로 제시한다. 야고보는 '경건'이란 다음 두 가지를 반드시 포함해야 한다고 말한다.

'고아와 과부를 돌아보는 것'

이것은 구약 전체에서 반복되는 사회적 약자에 대한 윤리의 핵심이다(출 22:22; 신 10:18; 시 68:5 등).

'환난 중에'라는 표현은 말뿐 아니라 행동으로, 실질적인 돌봄과 개입이 요구된다는 점을 강조한다. 즉, 참된 경건은 이웃 사랑, 특히 연약한 자에 대한 사랑의 실천을 통해 드러난다.

'자기를 지켜 세속에 물들지 않는 것'

이는 내면의 정결과 도덕적 분별력, 즉 세상의 가치관이나 죄악된 방식에 자기 자신을 내어주지 않는 삶의 태도를 의미한다. 단지 사회적 봉사만이 아니라, 자기 자신을 거룩하게 유지하는 도덕적 긴장감도 경건의 일부라는 것이다.

종합 : 1:22~27의 구조적 흐름

단락	핵심 내용	주제어
1:22	말씀을 듣고 행하라	실천으로서의 신앙
1:23~24	듣고 행하지 않는 자 = 거울 보고 잊는 자	자기기만
1:25	듣고 실천하는 자 = 자유의 율법을 지켜 행하는 자	복 받는 신앙
1:26	혀를 제어하지 못하는 경건 = 헛된 경건	언어 절제
1:27	참된 경건 = 약자 돌봄 + 세속으로부터의 분리	사회적 정의 + 도덕적 정결

결론적 통찰

야고보는 1:22~27에서 말씀에 대한 바른 반응이란 단순한 '청취'가 아니라 실천이고, 그 실천은 구체적으로 언어, 이웃 사랑, 자기 성찰로 나타나야 한다고 강조한다. 특히, 1:27의 '하나님 아버지 앞에서의 정결한 경건'은 1:25의 '자유하게 하는 온전한 율법'과 긴밀히 연결되며, 이 율법이 곧 이웃 사랑의 윤리로 구현되어야 함을 뜻한다.

요약하면, 야고보는 다음과 같은 신앙의 구조를 제시한다.

듣기 ▶ 실천 ▶ 자기 절제와 이웃 사랑 ▶ 참된 경건 ▶ 복 있는 신앙 이렇게 야고보서 1장 마지막 부분은 신앙의 외형이 아니라 삶 속에서 구체화 되는 말씀의 열매에 신앙의 진정성을 둔다.

4) 신학적 · 교회적 적용

야고보는 '참된 경건'이란 단지 종교적 의식이나 형식이 아니라, 삶 전체에서 드러나는 실천적 경건임을 강조한다. 교회는 이 단락을 바탕으로 다음과 같은 갱신을 모색해야 한다.

말의 거룩성 회복 : 오늘날 신자들이 범하는 가장 흔한 죄 중 하나는 혀를 제어하지 못하는 것이다. 비방, 비난, 험담, 분열, 가십 등이 신자의 입술에서 흘러나올 때, 그들의 신앙 전체가 부정된다. 이는 공동체의 신뢰와 연합을 무너뜨린다.

사회적 약자에 대한 자비 실천 : 참된 경건은 고아와 과부처럼 사회적으로 소외된 자를 돌아보는 사랑의 실천에서 증명된다. 이는 신약적 디아코니아 정신의 핵심이며, 교회는 구조적으로 이 사명을 회복해야 한다.

세속성으로부터의 분리 : 단순히 도덕적 정결을 넘어, 세속적 가치와 욕망에 물들지 않으려는 자기 성찰과 절제의 삶이 요청된다. 경건은 세상과의 거리를 두는 도피가 아니라, 세상을 향해 '다른 방식으로 사는 삶'이다.

5) 묵상과 실천 가이드

(1) 질문형 묵상

나는 평소에 내 말(혀)을 얼마나 잘 다스리고 있는가? 내가 남에게 하는 말이 나의 신앙을 드러내는 통로인가, 부정하는 수단인가?

나는 주변의 소외된 이들을 구체적으로 돌보고 있는가, 아니면 종교 행위로만 만족하고 있는가?

내 삶은 세속적 가치로부터 얼마나 자유로운가? 나는 지금 세속에 물들어 살고 있지는 않은가?

(2) 실천 지침

한 주간 '말의 금식' 실천 : 험담, 비판, 쓸데없는 말 하지 않기. 말을 하기 전에 '이 말이 생명을 살리는가, 죽이는가?' 자문하기.

한 달에 한 번, 사회적 약자를 향한 구체적 섬김 실천: 고독한 노인, 어려운 이웃, 미혼모 센터 등 돌봄 기관과의 연대 시도.

세속성 진단표를 만들어 '나의 시간, 소비, 말, 욕망'이 어디에 집중되고 있는지를 돌아보고, 정결한 삶으로 전환할 포인트 찾기.

6) 요약

야고보서 1장 마지막은 경건의 실체를 정의한다. 경건은 말로만 드러나는 것이 아니라, 말의 절제, 약자의 돌봄, 세속에서의 구별됨이라는 구체적 실천을 통해 증명된다.

B. 살아 있는 믿음의 실천을 세우라

2장 차별 없는 공동체, 살아 있는 믿음(약 2장)

야고보서 2장은 전체 서신의 본론을 구성하는 첫 번째 장으로서, 1장에서 제시된 두 가지 중심 주제, 곧 '시험과 시련을 통한 믿음의 성숙'(1:2~18)과 '말씀을 듣고 행하는 참된 신앙'(1:19~27)을 구체적이고 실제적인 권면들을 통해 더욱 깊이 있게 전개한다.

야고보는 2장에서 크게 두 가지 문제를 집중적으로 다룬다.

2:1-13은 교회 공동체 안에서 발생할 수 있는 차별과 편애의 문제를 다룬다. 외적인 조건에 따른 사람의 판단은 영광의 주 예수 그리스도의 믿음과는 양립할 수 없다는 점을 강조하며, '자비의 율법(율법의 완성)'을 기준으로 신자들의 삶을 재정립하도록 권면한다. 이 단락은 가난한 자를 향한 하나님의 선택, 심판과 긍휼의 관계, 그리고 율법의 참된 실천을 통해 신앙 공동체의 정의와 자비의 조화를 제시한다.

2:14-26은 고대 교회 내에서 논란이 되었던 주제인 믿음과 행위의

관계를 깊이 있게 다룬다. 야고보는 행함이 없는 믿음은 죽은 것이라고 단언하면서, 구약의 인물들(아브라함과 라합)의 예를 통해 믿음은 행위와 함께 일하고, 행위로 인해 믿음이 온전해진다(2:22)는 점을 강조한다. 또한 사람이 의롭다 하심을 받는 것은 오직 믿음으로만이 아니라, 행위에 의해서도 이루어진다(2:24)고 밝힘으로써, 루터파나 개혁주의 신학과는 다른 야고보 신학의 독자적 구원론을 드러낸다. 이 단락은 이후 신학사에서 바울과 야고보의 관계를 둘러싼 논쟁의 중심 본문이 되기도 하지만, 무엇보다도 야고보 신학의 실천적이고 공동체적 특징을 가장 뚜렷하게 보여주는 핵심 텍스트다.

이처럼 야고보서 2장은 믿음의 실제적 열매로서의 행위를 강조함으로써, 말씀을 듣고 행하는 자가 복을 받는다는 1장의 선언을 공동체와 윤리의 장에서 구체화하는 본론의 첫 단추 역할을 한다.

1. 야고보서 2:1~13 차별 없는 신앙 – 공동체 안에서 말씀을 실천하는 첫 걸음

1) 본문(개역 개정)

1절 : 내 형제들아 영광의 주 곧 우리 주 예수 그리스도에 대한 믿음을 너희가 가졌으니 사람을 차별하여 대하지 말라.

2절 : 만일 너희 회당에 금 가락지를 끼고 아름다운 옷을 입은 사람이 들어오고 또 남루한 옷을 입은 가난한 사람이 들어올 때에

3절 : 너희가 아름다운 옷을 입은 자를 눈여겨보고 말하되 여기 좋

은 자리에 앉으소서 하고 또 가난한 자에게 말하되 너는 거기서 있든지 내 발등상 아래에 앉으라 하면

4절 : 너희끼리 서로 차별하며 악한 생각으로 판단하는 자가 되는 것이 아니냐.

5절 : 내 사랑하는 형제들아 들을지어다 하나님이 세상에서 가난한 자를 택하사 믿음에 부요하게 하시고 또 자기를 사랑하는 자들에게 약속하신 나라를 상속으로 받게 하지 아니하셨느냐.

6절 : 너희는 도리어 가난한 자를 업신여겼도다. 부자는 너희를 억압하며 법정으로 끌고 가지 아니하느냐.

7절 : 그들은 너희에게 대하여 일컫는 바 그 아름다운 이름을 비방하지 아니하느냐.

8절 : 너희가 만일 성경에 기록된 대로 네 이웃 사랑하기를 네 몸과 같이 하라 하신 최고의 법을 지키면 잘하는 것이거니와

9절 : 만일 너희가 사람을 차별하여 대하면 죄를 짓는 것이니 율법이 너희를 범법자로 정죄하리라.

10절 : 누구든지 온 율법을 지키다가 그 하나를 범하면 모두 범한 자가 되나니

11절 : 간음하지 말라 하신 이가 또한 살인하지 말라 하셨은즉 네가 비록 간음하지 아니하여도 살인하면 율법을 범한 자가 되느니라.

12절 : 너희는 자유의 율법대로 심판 받을 자처럼 말도 하고 행하

기도 하라.

13절 : 긍휼을 행하지 아니하는 자에게는 긍휼 없는 심판이 있으리라. 긍휼은 심판을 이기고 자랑하느니라."

2) 본문의 구조적 맥락

이 단락은 겉으로 보기에 도덕적 권면처럼 보이지만, 실상은 1장의 세 핵심 사유들과 밀접하게 연결된 구조적 텍스트다.

1절은 이 단락의 중심 테제를 선언한다. "영광의 주 예수 그리스도를 믿는 믿음을 가졌으니 사람을 차별하여 대하지 말라."

2~4절은 실제 예시를 들어 청중을 설득하고, 5~7절에서는 1:9~11에서 말한 '가난한 자의 높아짐과 부한 자의 낮아짐'이라는 신앙적 전복(轉覆)의 원리를 논거로 삼는다.

8~11절은 1:25의 '자유하게 하는 온전한 율법'을 다시 언급하면서, 그 율법의 핵심은 "네 이웃을 네 자신과 같이 사랑하라"는 예수님의 윤리 명령의 실현임을 강조한다.

마지막으로 12~13절은 결론적 권면으로, 1:26~27의 '참된 경건'이 말뿐이 아니라 실제적 행위로 드러나야 함을 다시 환기시킨다.

이처럼 2:1~13은 1장의 '부와 가난', '온전한 율법', '경건의 실천'이라는 주제들을 구체적인 삶의 장면 속에서 통합적으로 해석하고 적용하는 중요한 전환점이자 해설적 본문이라 할 수 있다.

3) 본문의 구조 – 차별 없는 사랑의 실천

절	담화 기능	내용
2:1	정립적 권고문	믿음을 가진 자는 사람을 외모로 차별하지 말라
2:2~4	사례 제시/경고	부자와 가난한 자에 대한 차별적 태도는 악한 생각에서 나옴
2:5	신학적 질문	하나님은 가난한 자를 택하여 믿음과 하나님의 나라의 상속자가 되게 하심
2:6~7	대조/경고	부자들이 오히려 너희를 억압하고 그리스도의 이름을 모독함
2:8~9	교훈/경고	이웃 사랑은 율법의 핵심이니, 외모로 차별하면 죄를 짓는 것
2:10~11	논증/강조	율법은 전체이므로 하나만 어겨도 율법 전체를 범한 것
2:12~13	결론적 권고	심판은 자비 없는 자에게 자비 없이 임함 – 자비는 심판을 이긴다

4) 논증 흐름 설명

(1) 단락의 주제 진술 : 차별 없는 믿음(2:1)

"영광의 주 곧 우리 주 예수 그리스도에 대한 믿음을 너희가 가졌으니 사람을 차별하여 대하지 말라."

야고보는 먼저 '영광의 주 예수 그리스도를 믿는 믿음'과 '사람을 외모로 판단하는 차별'"이 양립할 수 없는 태도임을 선언한다. 여기서

'영광의 주'란 표현은 예수의 하늘 보좌의 권위를 강조하는 것으로, 이 믿음을 고백하는 공동체라면 세속적 지위에 따라 사람을 평가해서는 안 된다는 것이다.

(2) 구체적 예시 : 부자와 가난한 자에 대한 차별(2:2~4)

한 부자가 화려한 옷을 입고 예배 공동체에 들어올 때, 가난한 자는 멸시당하고 부자는 좋은 자리를 받는다.

이 예시는 단순한 가정이 아니라 당시 실제적 상황이었을 가능성이 높다. 가난한 자를 뒷자리에 두고 부자에게 특권을 주는 것은 교회 공동체 안에서 세속적 가치체계를 그대로 반영하는 행위이며, 이것은 악한 생각으로 판단하는 것이라고 야고보는 단언한다.

(3) 논거 1 : 하나님의 선택과 부에 대한 교회의 모순(2:5~7)

"하나님이 세상에서 가난한 자를 택하사 믿음에 부요하게 하시고 또 자기를 사랑하는 자들에게 약속하신 나라의 상속자가 되게 하지 아니하셨느냐."

야고보는 하나님이 가난한 자를 선택하셨다는 사실을 들며 교회가 부유한 자에게 아첨하고 가난한 자를 멸시하는 것이 얼마나 신앙적 모순인지 지적한다. 이 논리는 1:9－11에서 말한 부와 가난에 대한 신학적 관점의 연장선에 있다.

(4) 논거 2 : 율법의 성취와 자비의 실천(2:8~11)

"네 이웃 사랑하기를 네 몸과 같이 사랑하라 하신 최고의 법을 지키면 잘하는 것이거니와 ..."

야고보는 여기서 레위기 19:18의 사랑의 계명을 '최고의 율법'이라 부르며, 이것이 차별을 철저히 배격한다고 강조한다. 한 계명만 어겨도 전체 율법을 어긴 것이라는 논리로, 차별이라는 죄가 가벼운 것이 아님을 역설한다. 이는 1:25의 '자유하게 하는 온전한 율법'과의 연결고리를 강화한다.

(5) 결론 : 심판과 긍휼의 우선성 (2:12~13)

"긍휼을 행하지 아니하는 자에게는 긍휼 없는 심판이 있으리라. 긍휼은 심판을 이기고 자랑하느니라."

결론부에서 야고보는 종말론적 심판을 언급하며, 신앙의 진정성은 긍휼(자비)의 실천에 달려 있다고 선언한다. "긍휼이 심판을 이긴다"는 선언은 복음서에서 예수의 가르침(마 5:7; 눅 6:36)과도 일치하며, 1:27의 경건 실천과도 긴밀히 연결된다.

5) 신학적 · 교회적 적용

차별 금지는 복음의 본질이다. 야고보가 강조하듯, 영광의 주를 믿는 자는 외모나 지위가 아니라 하나님의 형상으로 창조된 인간 자체를 존중해야 한다.

사회경제적 약자에 대한 편견과 차별은 공동체의 영적 타락을 드러낸다. 오늘날 교회는 자칫 부유한 자에게 아첨하고 약자를 외면하는 유혹에 빠지기 쉽다. 이 단락은 그런 공동체에 대한 영적 경고다.

율법의 성취는 자비로 완성된다. 사랑의 계명을 지키는 것은 단지 윤리적 요청이 아니라, 신앙의 본질적 실천이다.

6) 묵상과 실천을 위한 질문 가이드

나는 내 주변 사람들을 외적인 기준으로 판단하거나 차별한 적이 없는가?

교회 공동체 안에서 가난한 자, 소외된 자에게 충분한 관심과 존중을 베풀고 있는가?

나는 사랑의 계명을 일상에서 어떻게 실천하고 있는가?

내가 진정 두려워해야 할 심판은 무엇이며, 자비는 내 삶에서 어떤 방식으로 나타나고 있는가?

2. 야고보서 2:14~26 행함 없는 믿음은 죽은 믿음 – 참된 신앙의 역동성과 실천

1) 본문(개역 개정)

14절 : 내 형제들아, 만일 사람이 믿음이 있노라 하고 행함이 없으면 무슨 유익이 있으리요 그 믿음이 능히 자기를 구원하겠느냐

15절 : 만일 형제나 자매가 헐벗고 일용할 양식이 없는데,

16절 : 너희 중에 누구든지 그에게 이르되 "평안히 가라, 덥게 하라, 배부르게 하라" 하며 그 몸에 쓸 것을 주지 아니하면 무슨 유익이 있으리요

17절 : 이와 같이 행함이 없는 믿음은 그 자체가 죽은 것이라.

18절 : 어떤 사람은 말하기를 "너는 믿음이 있고 나는 행함이 있으니 행함이 없는 네 믿음을 내게 보이라. 나는 행함으로 내 믿음을 네게 보이리라" 하리라.

19절 : 네가 하나님은 한 분이신 줄을 믿느냐 잘하는도다. 귀신들도 믿고 떠느니라.

20절 : 아아 허탄한 사람아 행함이 없는 믿음이 헛것인 줄을 알고자 하느냐

21절 : 우리 조상 아브라함이 그 아들 이삭을 제단에 바칠 때에 행함으로 의롭다 하심을 받은 것이 아니냐

22절 : 네가 보거니와 믿음이 그의 행함과 함께 일하고 행함으로 믿음이 온전하게 되었느니라.

23절 : 이에 성경에 이른 바 아브라함이 하나님을 믿으니 이것을 의로 여기셨다는 말씀이 이루어졌고 그는 하나님의 벗이라 칭함을 받았나니,

24절 : 이로 보건대 사람이 행함으로 의롭다 하심을 받고 믿음으로만은 아니니라.

25절 : 또 이와 같이 기생 라합이 사자들을 접대하여 다른 길로 나가게 할 때에 행함으로 의롭다 하심을 받은 것이 아니냐

26절 : 영혼 없는 몸이 죽은 것 같이 행함이 없는 믿음은 죽은 것이니라.

2:14~26은 야고보서 전체에서 가장 논쟁적인 단락 중 하나다. "사람이 믿음이 있노라 하고 행함이 없으면 무슨 유익이 있으리요"(14절)라는 질문은 바울의 이신칭의 가르침(롬 3:28; 갈 2:16)과 겉보기에 모순되는 듯한 인상을 주며, 역사적으로 많은 신학적 논쟁을 불러일으켜 왔다. 그러나 이 단락은 바울의 구원론과 대립하기보다는 신앙과 행위의 일치, 즉 '살아 있는 믿음'의 필요성을 강조하고 있다.

이 본문은 1:22~25에서 강조한 '말씀을 듣고 행하는 자'라는 핵심 주제를 더욱 강하게 확장하고 구체화한 것이다. 야고보는 이 단락에서 '믿음과 행위의 긴장'이 아닌, '참된 믿음의 증거로서의 행위'를 강조한다.

2) 본문의 구조 – 행함 없는 믿음은 죽은 믿음

절	담화 기능	내용
2:14	논의 제기 질문/테제	행함이 없는 믿음이 능히 구원할 수 있겠는가?
2:15~17	사례 제시/논증적 비교	형제 자매의 필요를 외면하는 믿음은 행함이 없고 죽은 것이다
2:18~20	반론 가정/논박	믿음만 있고 행함이 없는 자는 헛된 사람이다 – 행함으로 믿음을 보여야 함
2:21~24	사례 제시/논증	아브라함은 이삭을 바침으로 행함으로 의롭다 하심을 받았음
2:25	또 다른 예/대조	라합도 행함으로 의롭다 하심을 받음 – 사람을 숨기고 다른 길로 도망시킴
2:26	결론 선언	영혼 없는 몸이 죽은 것 같이, 행함 없는 믿음은 죽은 것이다

3) 논증 흐름 설명

(1) 논제 제시: 믿음만으로 충분한가?(2:14)

"내 형제들아 만일 사람이 믿음이 있노라 하고 행함이 없으면 무슨 유익이 있으리요 그 믿음이 능히 자기를 구원하겠느냐?"

여기서 '믿음'은 단지 지적 동의 또는 고백적 신앙을 뜻한다. 야고보는 행함이 없는 믿음이 영혼 구원에 무력하다는 점을 도전적으로 묻는다. 이는 1:21의 '영혼을 구원할 능력이 있는 말씀'과도 연결된다. 단지 듣는 것이 아니라 삶으로 나타나는 믿음만이 생명을 주는 구원과 연결된다는 것이다.

(2) 실례 제시 : 형제 자매가 굶주릴 때 외면하는 믿음(2:15~17)

"만일 형제나 자매가 헐벗고 일용할 양식이 없는데 ... 평안히 가라, 덥게 하라, 배부르게 하라 하며 그 몸에 쓸 것을 주지 아니하면 무슨 유익이 있으리요?"

야고보는 실제적이고 급진적인 예를 든다. 단지 '말'로 축복을 빌지만 실질적인 행동이 없는 믿음은 무력한 믿음이다. 그러므로 17절에서 그는 명확히 선언한다. "이와 같이 행함이 없는 믿음은 그 자체가 죽은 것이라."

(3) 반론 가정 및 재반박 – 믿음과 행위를 분리할 수 있는가?(2:18~20)

"어떤 사람은 말하기를 너는 믿음이 있고 나는 행함이 있으니 ......"

야고보는 반론을 가정하고 이를 반박한다. '너는 믿음, 나는 행함'이라는 이분법적 사고는 거짓이다. 그는 실제적 행위로 증명되지 않는 믿음은 귀신도 가지고 있는 것과 같은 공허한 지식에 불과하다고 지적한다(19절). 참된 신앙은 전인적 반응이며, 삶을 통한 응답 없이는 '헛것'(20절)일 뿐이다.

(4) 구약적 예시 1 : 아브라함 – 행함으로 믿음이 온전케 됨(2:21~24)

"우리 조상 아브라함이 그 아들 이삭을 제단에 바칠 때에 행함으로 의롭다 하심을 받은 것이 아니냐?"

야고보는 아브라함을 바울과 동일하게 언급하지만, 초점을 다르게 둔다. 바울은 창 15:6("아브람이 여호와를 믿으니 여호와께서 이를 그의 의로 여기시고")을 강조한 반면, 야고보는 믿음 이후의 순종(창 22장)에 주목한다. 여기서 야고보는 다음을 강조한다.

믿음과 행위는 함께 일한다(22a절). 믿음은 행함으로 온전케 된다(22b절).

이런 신앙은 하나님의 친구가 되는 관계적 신뢰에 기초한다(23절).

(5) 구약적 예시 2 : 라합 – 생명을 건 실천의 믿음(2:25)

"또 이와 같이 기생 라합이 사자들을 접대하여 다른 길로 나가게 할 때에 행함으로 의롭다 하심을 받은 것이 아니냐?"

이방인 여인, 기생이었던 라합은 아브라함과는 정반대의 인물이다. 그러나 그녀 역시 목숨을 건 실천을 통해 믿음을 입증하였다(수 2장 참조). 야고보는 이 두 인물을 통해 믿음의 진정성은 행위로 드러난다는 점을 분명히 한다.

(6) 요약 결론 : 믿음과 행위의 불가분성(2:26)

"영혼 없는 몸이 죽은 것 같이 행함이 없는 믿음은 죽은 것이니라."

결론은 단호하고 직설적이다. 믿음은 행위로 살아 움직일 때 생명력이 있다. 단지 '믿는다고 말하는 것'만으로는 하나님과의 관계가 성립되지 않는다.

4) 신학적 · 교회적 적용

(1) '행위 없는 믿음'이라는 위기

한국 교회, 나아가 오늘날의 전 세계 복음주의 교회는 종종 교리적 정통성과 개인적 확신만을 강조하면서 삶의 윤리적 실천과 공동체적 책임을 소홀히 하는 경향이 있다.

야고보는 이러한 신앙을 '죽은 믿음'이라고 단언한다(2:17, 2:26). 이 경고는 다음과 같은 질문을 교회에 던진다.

"우리 교회는 가난한 자를 돌보고, 불의를 고발하고, 서로를 진실히 섬기며, 정의를 실천하는 신앙 공동체인가?"

(2) '믿음과 행위'의 이원론을 넘어서

종교개혁 이후 '믿음으로 구원'이라는 진리는 교회 역사에 큰 유익을 주었지만, 실제로는 믿음과 삶의 분리를 정당화하는 구실로 왜곡되기도 했다.

야고보는 행위를 구원의 공로로 보지 않으면서도, 믿음이 실제로 존재한다면 반드시 삶의 변화를 수반할 것임을 강조한다.

교회는 신자의 신앙을 삶의 열매를 통해 공동체적으로 확인하고 격려하는 역할을 회복해야 한다.

(3) 신자의 '성숙'과 '책임'의 신앙

야고보는 1:4에서 "온전하고 구비하여 조금도 부족함이 없게 되라"고 말했고, 2장에서는 그 온전함이 믿음과 행위의 일치 안에서 드러난다고 설명한다.

이처럼 야고보서 전반은 신자의 영적 성숙('온전함')을 윤리적 책임성과 타자를 향한 사랑의 실천으로 구체화한다.

신앙의 진정성은 교회 안에서만이 아니라, 세상 속에서 고통받는 자들, 정의를 기다리는 자들을 향한 삶의 자세에서 검증된다.

5) 묵상과 실천 가이드

(1) 묵상 질문

나는 '믿음'이라는 이름으로 삶의 변화와 책임을 회피하고 있지 않은가?

'죽은 믿음'과 '살아 있는 믿음'의 차이를 내 삶의 구체적 예로 설명할 수 있는가?

내 신앙이 실제로 이웃 사랑, 정의 실현, 공적 책임으로 드러나고 있는가?

(2) 실천 제안

① 행동의 일기 : 한 주간 내 신앙이 실제로 나타난 구체적 행위들을 하루에 한 가지씩 기록해 보십시오. 작더라도 행동은 믿음의 '호흡'입니다.

② 사회적 약자 돌아보기 : 교회와 개인의 신앙 안에, 소외된 이들을 위한 구체적 프로그램이나 지원이 포함되어 있는지 성찰해 보십시오.

③ 공동체 속 검증 : 내가 신뢰하는 공동체 사람들에게, 나의 믿음이 실제로 삶에서 어떻게 드러나는지를 묻고 피드백을 받아보십시오.

보론 1 : 야고보서 2:22~24 주해

22절 : 네가 보거니와 믿음이 그의 행함과 함께 일하고 행함으로 믿음이 온전하게 되었느니라.

23절 : 이에 성경에 이른 바 아브라함이 하나님을 믿으니 이것을 의로 여기셨다 하신 말씀이 이루어졌고, 그는 하나님의 벗이라 칭함을 받았나니,

24절 : 이로 보건대 사람이 행함으로 의롭다 하심을 받고 믿음으로만은 아니니라.

야고보서 2:22~24은 하나의 사슬처럼 긴밀하게 연결된 구조이며, 참된 믿음과 행위의 관계, 그리고 의롭다 함에 대한 야고보의 고유

한 이해를 절정에서 보여주는 핵심 본문이다. 특히 2:24의 "행함으로 의롭다 하심을 받고 믿음으로만은 아니니라"는 구절은 신약 전체에서 가장 논쟁적인 본문 중 하나로, 반드시 앞뒤 문맥과 함께 정밀하게 해석되어야 한다.

1. 본문의 구조와 흐름

절	내용 요약	신학적 강조
22절	믿음과 행위의 상호 작용 ▶ 믿음의 완성	믿음과 행위는 함께 일 함, 행위는 믿음을 온전케 함
23절	창세기 15:6의 인용 ▶ '믿음을 의로 여김' + '하나님의 벗'	행함 속에서 성취되는 믿음의 실체
24절	결론적 선언 : "믿음만으로가 아니라 행함으로 의롭다 하심을 받는다"	신앙과 실천의 불가분 관계

2. 야고보서 2 : 22 주해

1) 본문 구조와 핵심 용어 분석

헬라어 원문	번역
ἡ πίστις συνήργει τοῖς ἔργοις αὐτοῦ.	"믿음이 그의 행함과 함께 일하고 있었다."

분석 : 동사 συνεργέω(synergeō)는 '함께 일하다, 협력하다, 도와주다'라는 뜻을 지님. 여기서 야고보는 '믿음과 행함의 지속적인 협력'을 말하기 위해 미완료형 συνήργει를 사용한다.

고대 그리스권에서 동사 '신에르게인'(συνεργεῖν)은 아리스토텔레스의『니코마코스 윤리학』(Ⅲ. 8. 1116b. 31)에서 볼 수 있는데, 여기서는 용감한 자들이 명예스러운 일을 위해 행동할 때 격정이 그들에게 협력한다고 말할 경우 이 동사가 사용된다. 이와 달리 다른 곳에서는 인간이 행동할 경우 이성이 협력한다고 할 때 이 동사가 사용되기도 한다(G. Bertram, "συνεργός κτλ.," *TWNT* Ⅶ, 870 참조). 또한 플로티누스는 유능한 사람들이 다이몬(δαίμων)의 협력을 받는다고 말하는 경우와 인간이 무엇을 볼 때 몸이 협력한다고 말하는 경우 이 동사를 사용한다(위의 글, 870 참조). 그리고 이방적인 파피루스와 기독교적인 파피루스 사료들에서는 신의 협력 또는 도움에 대해서 말할 때 이 동사가 사용된다(위의 글, 870 참조).

ἐκ τῶν ἔργων ἡ πίστις ἐτελειώθη. "행함으로 믿음이 온전하게 되었다."

▶ 동사 τελειόω(teleioō) : 완성되다, 성숙하다, 목적을 이루다.

위 두 문장은 문법적으로 대등한 병렬구조이며, 신학적으로도 두 개념의 상호필요성을 선언한다. 믿음과 행위는 주–종 관계가 아니라, 협력적이고 상호작용적인 대등한 관계다.

2) 해설과 신학적 의미

(1) 믿음이 행함과 함께 일한다(συνεργέω)

"믿음이 그의 행함과 함께 일하고 있었다"는 구절은 믿음이 행위 없이 작동할 수 없다는 점을 말해준다.

루터파와 개혁주의는 종종 행함을 믿음의 '열매'라고 설명한다. 즉, 믿음이 참되면, 행함은 자연스럽게 따라온다는 논리다. 그러나 야고보는 그것보다 더 긴밀한 관계를 제시한다. 믿음과 행함이 함께 일하며, 행함은 믿음이 온전해지기 위해 반드시 함께 협력해야 할 필수 요소다.

이 말은 행함이 단순히 믿음의 부속물이 아니라, 믿음이 참된 믿음으로 완성되기 위한 공동의 동역자라는 뜻이다. 믿음은 홀로 설 수 없으며, 행함을 통해 비로소 완성된다.

24절에 가서 야고보는 충격적인 선언을 한다. "이로 보건대, 사람이 행함으로 의롭다 하심을 받고 믿음으로만은 아니니라." 야고보는 '믿음으로만' 구원을 설명하는 당시의 편향된 신앙을 깨뜨린다. 구원은 믿음과 행함이 협력할 때 온전히 드러난다.

(2) 행함으로 믿음이 온전하게 되었다(τελειόω)

헬라어 '텔레이오'(τελειόω)는 야고보서 1:4에도 등장한 단어다. 거기서는 "온전하고 구비하여 조금도 부족함이 없게 하려 함이라"는 성숙과 완성의 맥락에서 사용되었다.

여기서도 믿음이 '완성된다, 성숙해진다'는 표현은 구원의 목적을 향해 전진해 가는 과정을 말한다. 즉, 행위는 믿음을 실현적 차원에서 온전하게 만드는 필수 구성요소다.

믿음은 시작이며, 행위는 그 완성으로 이끄는 힘이다. 믿음은 그 자체로서 '완전'하지 않으며, 행위와의 협력 속에서만 완성될 수 있는 것이다.

3) 신학적 선언

야고보서 2:22은 신앙과 윤리, 믿음과 삶, 구원과 실천이 분리될 수 없음을 선언한다.

이 구절은 오늘날 많은 신자들이 범하고 있는 오류, 즉 "믿기만 하면 되지"라는 신앙의 반윤리화와 무책임한 구원 확신에 대한 날카로운 반격이다.

야고보는 말한다.

"참된 믿음은 그 자체로 불완전하다. 행위가 함께하지 않으면, 그 믿음은 작동하지 않는다. 행함이 없다면 그 믿음은 죽은 것이다."

4) 오늘날의 적용

야고보서 2:22은 "구원의 완성은 신앙 고백 너머의 삶에 달려 있다"는 점을 강조한다.

한국 교회와 현대 복음주의 신학은 이 진술을 회피하거나 왜곡해 왔고, 그 결과 '행하지 않는 믿음'이라는 신앙과 윤리의 분열이 만연하게 되었다.

말씀을 듣고 행하지 않는 자는 스스로 속이는 자요(1:22), 믿음만 있고 행함이 없는 자는 헛된 자다(2:20).

3. 23절 : 신앙의 조상 아브라함을 통한 최고의 신앙 실천

1) 창세기 15:6 인용과 그 의미

"아브라함이 하나님을 믿으니 이것을 의로 여기셨다."

이 구절은 바울(롬 4:3; 갈 3:6)도 자주 인용한 핵심 본문으로, '믿음으로 의롭다 함'을 말할 때의 근거 구절이다.

그러나 야고보는 이 말씀을 전혀 다르게 적용한다. 바울은 창 15:6을 '율법 이전의 믿음' 강조로 사용했지만, 야고보는 창 22장의 이삭 바치는 사건(믿음의 행위로서의 절정)으로 이어지는 성취적 관점에서 해석한다. 즉, 야고보는 아브라함의 '행위'(이삭을 바침)가 창 15:6의 말씀을 실제로 '이루는 것'이라고 본다.

이어지는 "말씀이 이루어졌고"(ἐπληρώθη)를 통해 야고보는 '믿음의 선언'(창 15장)이 '행위의 실천'(창 22장)을 통해 온전히 성취되었다고 주장한다.

2) '하나님의 벗'이라는 칭호

'하나님의 벗'이라는 칭호는 성경에서 오직 아브라함에게만 주어진 독특하고 영예로운 표현으로, 구약의 몇몇 본문(사 41:8, 대하 20:7)을 통해 잘 알려져 있다. 그러나 제2성전기 유대교 전승에서는 이 표현이 더 일반화되어, 아브라함을 믿음의 모범으로 높이는 호칭으로 널리 사용되었다. 야고보도 이러한 유대적 전승을 반영하여, 아브라함의 삶을 단지 믿음의 고백이 아니라 신뢰와 순종의 실천을 통해 하나님께 인정을 받은 삶으로 제시하고자 이 표현을 인용한 것으로 보인다.

야고보는 이 칭호를 단순한 수사적 장식이 아닌, 아브라함의 신앙 여정 전체를 요약하는 개념으로 사용한다. 특히 '의롭다 하심을 받았다'(2:21), '믿음이 행위와 함께 일하고 있었다'(2:22), '믿음이 온전하게 되었다'(2:22), 그리고 '이루어졌다'(2:23) 등의 표현과 함께, '하나님의 벗'이라는 호칭은 아브라함이 하나님의 뜻에 전인격적으로 순종한 결과, 하나님과의 특별한 관계에 이른 자임을 선언하는 결론적 진술이다.

이 칭호는 또한 야고보서 전체 흐름 속에서도 특별한 신학적 기능을 수행한다. 아브라함은 세상과 벗되어 살아가는 이들과는 구별된 자로, 하나님의 지혜와 뜻을 따르는 삶을 살아갔으며(약 4:4, 3:17 참조), 그 결과 하나님의 벗이 되는 영광스러운 자리에 이르렀다. 이는 참된 지혜는 위로부터 주어지며, 그러한 지혜는 실제 삶의 실천을 통해 드러난다는 야고보의 일관된 가르침과 맞닿아 있다.

결국, 야고보가 아브라함을 '하나님의 벗'이라 부른 것은 단지 전통을 인용한 것이 아니라, 믿음이 행위로 완성될 때 하나님과의 관계 안에서 새로운 신분과 영광이 주어진다는 진리를 보여주는 상징적 표현이다. 이는 야고보서 전체에서 말하는 '행함으로 온전해진 믿음'이 어떤 모습으로 완성되는지를 보여주는 가장 강력한 예시라 할 수 있다.

4. 24절 : 결론적 선언의 의미

"사람이 행함으로 의롭다 하심을 받고 믿음으로만은 아니니라."

이 구절은 신약신학에서 가장 많이 오해되고, 동시에 가장 분명한 야고보의 신학적 선언이다.

1) '의롭다 하심'의 의미

δικαιόω(dikaioō) : 헬라어에서 일반적으로 '의롭다고 선언하다', '인정하다', '정당화하다'라는 뜻으로 사용된다.

바울은 이 단어를 법정적 선언 의미(법적인 신분 변화)로 사용하지만, 야고보는 삶 속에서 입증되고 검증되는 믿음의 실재성을 뜻하는 실천적 의미로 사용한다.

2) '믿음으로만은 아니니라'의 의미

'믿음만으로는 아니니라'는 구절은, 믿음 그 자체를 부정하는 것이 아니다. 야고보는 '죽은 믿음', 즉 행함이 결여된 믿음이 구원의 기준이 될 수 없음을 강조하는 것이다(2:17 참조).

요점 : 야고보는 "믿음은 반드시 행위로 드러나야 하며, 행위 없는 믿음은 스스로 참됨을 증명할 수 없다"는 사실을 강조한다.

5. 바울과 야고보의 차이와 조화

구분	바울	야고보
초점	의롭다 함의 시작, 믿음의 근거	의롭다 함의 검증, 믿음의 실재
의미	믿음은 율법의 행위가 아닌, 그리스도를 통한 선물	행위는 믿음이 살아 있다는 구체적 증거
적용	행위는 구원의 원인이 될 수 없음	믿음은 행위가 없다면 무의미함

바울과 야고보는 서로를 부정하는 것이 아니라, 구원의 서로 다른 시간대와 관점을 말하고 있다.

바울은 처음 칭의, 곧 회심 이전에 인간의 어떤 행위도 의롭다 하심의 근거가 될 수 없음을 강조하며, 이는 주로 로마서와 갈라디아서에서 전개되는 바다. 물론 그는 갈라디아서 5:5에서 최종적 칭의에 대한 소망을 언급하기도 하지만, 그의 핵심 논지는 믿음을 통한 구원의 시작에 있다.

반면 야고보는 회심 이후, 즉 믿음을 고백한 자가 실제로 어떻게 살아가는지를 통해 그 믿음이 참된 것인지 검증받는 과정, 다시 말해 종말론적 칭의 또는 믿음의 실재성과 성숙을 드러내는 자리에 초점을 맞춘다.

따라서 둘은 동일한 구원의 여정 안에서 상호보완적인 입장을 취하며, 믿음과 행위의 관계를 서로 다른 층위에서 다루고 있을 뿐이다.

6. 오늘날의 적용

한국 교회 안에는 '행위로 구원받는 것은 공로주의'라는 과잉된 경계로 인해, '행함 없는 신앙'이 오히려 미덕처럼 여겨지는 병리가 있다.

그러나 야고보는 분명히 말한다. "믿음은 말로 증명되는 것이 아니라, 삶으로 증명되어야 한다. 행위 없는 믿음은 헛되다."

야고보서 2:24은 우리에게 이렇게 묻는다. "너의 믿음은 살아 있는가? 아니면 말뿐인 죽은 믿음인가?"

7. 요약

야고보 2:22~24은 참된 믿음은 반드시 행위와 함께 작동하며, 행함을 통해 믿음은 성숙해지고 실재가 된다고 선언한다. 그리고 하나님 앞에서 의롭다 인정받는 삶은 믿음과 행위의 협력 속에서만 가능하다는 것을 선언한다.

보론 2 : 야고보서 2:25~26 주해

25절 : 또 이와 같이 기생 라합이 사자들을 접대하여 다른 길로 나가게 할 때에 행함으로 의롭다 하심을 받은 것이 아니냐?

26절 : 영혼 없는 몸이 죽은 것 같이 행함이 없는 믿음은 죽은 것이니라.

앞서 살펴본 아브라함의 예시에 이어 라합의 예시를 제시하는 이 본문은, 믿음과 행위의 통합을 강조하는 야고보의 결론적 논증의 마지막 단계다. 특히 26절은 야고보서 전체에서 가장 강렬한 결론부이자, 신앙과 삶의 불가분 관계에 대한 압축적 선언이라 할 수 있다.

1. 25절 : 라합의 예시 - 가장 낮은 자를 통한 최고의 신앙 실천

1) 본문 배치의 대조적 의도

야고보는 가장 고귀한 신앙의 조상 아브라함에 이어, 사회적으로 가장 낮은 위치의 이방 여인 라합을 대조적으로 제시함으로써 다음과 같은 신학적 메시지를 드러낸다.

구원에서 출신, 지위, 성별은 결정적 요소가 아니다. 오직 믿음이 실제 삶으로 드러났는가가 핵심이다.

2) 라합 이야기의 신학적 중요성

야고보는 구약의 대표적 신앙 인물인 아브라함(2:21~23)에 이어,

라합이라는 뜻밖의 인물을 예로 제시한다. 본문은 여호수아 2장의 사건을 가리킨다. 라합은 당시 가나안 여리고 성에 살던 여인이었으며, 사회적으로는 기생(창녀)이라는 낙인이 찍힌 가장 낮은 자였다.

그러나 그녀는 하나님의 백성을 위하여 두 정탐꾼을 숨겨 주었고, 이는 생명을 걸고 선택한 신앙적 행동이었다. 야고보는 그녀의 행동을 단지 '용기 있는 행동'이 아닌, 행함으로 의롭다 하심을 받은 믿음의 실례로 제시한다.

"이와 같이 기생 라합이 사자들을 접대하여 다른 길로 나가게 할 때에 행함으로 의롭다 하심을 받은 것이 아니냐?"(2:25)

이 대목은 바울이 말한 '행위가 아닌 믿음으로 말미암는 칭의'와 충돌하는 것처럼 보일 수 있다. 그러나 양자의 초점은 다르다.

바울은 구원의 시작, 즉 회심 이전에 인간의 행위가 아무런 공로가 될 수 없음을 강조한다(롬 3:28, 갈 2:16). 반면 야고보는 회심 이후, 믿음을 고백한 자가 실제로 어떤 삶을 사는지를 통해 그 믿음이 참된 것인지 검증한다. 따라서 라합의 행위는 단순한 선행이 아니라, 그녀의 믿음이 참된 것이었음을 보여주는 실천적 증거인 것이다.

히브리서 11:31은 라합을 믿음의 사람으로 언급하지만, 야고보는 더 나아가 그 믿음이 행위로 검증되어 의롭다 함에 이르렀다고 선언한다. 이는 '행위 자체로 구원받는다'는 주장이 아니라, 믿음이 참되고 살아 있다면 반드시 삶의 실천으로 드러나야 한다는 점을 강조하는 것이다. 야고보서 2장 전체의 핵심은 신앙 고백과 삶이 일치하는가, 즉 믿음이 실제로 살아 있는가를 판단하는 기준이 행위라는 것이다.

그런 점에서 라합은 놀라운 신학적 상징성을 지닌다. 신분상 가장 낮은 자가 생명을 걸고 하나님 편에 서는 행동을 함으로써 의롭다 하심을 받은 믿음의 본보기가 되었다.

야고보는 이를 통해 우리 모두에게 묻고 있는 것이다.

"너의 믿음은 라합처럼 살아 있는가? 말이 아니라, 실제 삶으로 증명되고 있는가?"

2. 26절 : 결정적 결론 - 신앙의 실체는 살아 있는가?

"영혼 없는 몸이 죽은 것 같이 행함이 없는 믿음은 죽은 것이니라."

이 구절은 야고보서 2장의 결론이자, 야고보 신학의 핵심 정리라 할 수 있다.

1) 형식과 비유

'영혼 없는 몸'이라는 비유는 고대 세계에서 죽음의 개념(생기 없는 육체)을 설명할 때 흔히 사용되던 방식이다.

야고보는 믿음과 행위를 영혼과 육체의 관계로 설명한다. 영혼이 빠져나간 육체는 죽은 것이다. 행위가 결여된 믿음 역시 생명력 없는 '죽은 믿음'이다.

이때 야고보는 두 번이나 이 표현을 강조한다.

본문 표현

2:17 "행함이 없는 믿음은 그 자체가 죽은 것이라."
2:26 "행함이 없는 믿음은 죽은 것이니라."

▶ 단순한 강조가 아니라, 교회의 영적 상태를 진단하는 선지자적 외침이다.

2) 신앙의 실재성에 대한 엄중한 물음

야고보는 단순히 "행위를 하라"는 도덕적 권고를 넘어, "너의 믿음은 살아 있는가, 아니면 죽은 믿음인가?"라는 본질적 질문을 던진다.

'죽은 믿음'은 정통 교리를 말하고, 하나님을 입으로 인정해도, 삶에 그 어떤 실천도 없는 상태를 의미한다.

전체 결론 : 살아 있는 믿음의 본질

야고보는 '믿음'을 부정하지 않는다. 오히려 진짜 믿음이란 언제나 삶으로 드러나는 믿음임을 강조한다.

야고보의 논지는 "행위로 구원을 얻는다"는 행위주의가 아니라, "믿음이 참되다면, 반드시 행위로 나타나야 한다"는 실천신학적 통합 사유다.

C. 하나님을 가까이 하는 삶

3장 지혜로운 언어와 성숙한 공동체 – 혀의 통제와 참된 지혜(약 3장)

전체 구조와 문맥 속에서 본 야고보서 3장의 의미

야고보서 3장은 앞선 1장과 2장에서 강조된 '행함 있는 믿음'과 '온전한 경건'이라는 주제를 더 깊이 구체화하는 장이다. 1장에서 야고보는 시련과 인내를 통해 성숙한 신앙을 이루어 가야 함을 말하였고, 2장에서는 참된 믿음이 반드시 행위로 나타나야 한다는 점을 논증하였다. 이러한 신앙의 본질이 3장에서는 보다 실천적이고 일상적인 차원, 곧 '말'과 '지혜'의 문제로 이어진다.

3장 전반부(1~12절)는 혀의 통제에 관한 교훈으로 구성되어 있다. 야고보는 혀가 비록 작지만 사람 전체를 좌우할 만큼 강력한 도구임을 강조하며, 말의 실수가 신앙인의 인격과 공동체에 끼칠 수 있는 위험을 경고한다. 이는 1:26에서 언급된 "자기 혀를 재갈 물리지 아니하는 자의 경건은 헛것이라"는 말과도 깊이 연결된다. 결국 말의 절제는 신앙인의 성숙도를 가늠하는 기준이자, 공동체 안에서 참된 경건이 실현되는 구체적인 방식이라 할 수 있다.

후반부(13~18절)는 위로부터 난 지혜에 관한 교훈으로 구성된다. 야고보는 단지 지식을 갖추는 것보다 더 중요한 것은 '선한 행실로 드러나는 지혜'라고 말하며, 거짓된 지혜와 참된 지혜를 대조적으로 설명한다. 여기서 참된 지혜는 성령의 열매와도 유사한 특성을 지니며(순결, 화평, 관용, 양순 등), 공동체 안에 평화를 이루고 의를 세우는 능동적인 덕목으로 제시된다. 이는 1:5에서 말한 "지혜가 부족하거든 하나님께 구하라"는 교훈과도 맞닿아 있으며, 더 나아가 3장의 결론적 메시지로서 참된 신앙은 지혜롭고 절제된 말과 행실을 통해 공동체를 세우는 데 기여해야 함을 보여준다.

따라서 야고보서 3장은 혀의 사용과 지혜의 실천이라는 두 축을 통해 '온전한 신앙'이란 단순히 내면적 확신에 그치지 않고, 말과 삶의 전 영역에서 일관되게 드러나는 실천적이고 공동체적인 경건임을 강하게 강조한다. 이는 이후 4장과 5장에서 나오는 '세상과 벗하지 말 것', '인내와 회개의 삶', '기도와 돌봄의 공동체'에 대한 교훈으로 자연스럽게 연결된다.

1. 야고보서 3:1~2 말의 책임, 성숙의 기준

1) 본문(개역 개정)

1절 : 내 형제들아, 너희는 선생된 우리가 더 큰 심판을 받을 줄 알고 선생이 많이 되지 말라.

2절 : 우리가 다 실수가 많으니 만일 말에 실수가 없는 자라면 곧 온전한 사람이라 능히 온몸도 굴레 씌우리라.

2) 본문의 구조

절	담화 기능	내용 요약
1절	경고의 권면	'선생'이 되기를 경계하며 더 큰 책임과 심판을 강조함
2절	일반적 진술 및 결론적 연결	모든 사람이 실수함을 인정하며, 말의 통제가 성숙한 신앙인의 특징임을 제시

3) 논증 흐름 설명

이 단락은 야고보서 3장의 전체 주제를 여는 서두로서, 1절은 교사 역할에 대한 신중한 태도를 촉구하며, 2절은 그 이유를 설명하는 구조를 지닌다.

1절에서 야고보는 '선생이 되지 말라'고 단순히 금지하는 것이 아니라, '더 큰 심판을 받을 줄 알라'는 동기를 제시함으로써 가르치는 자의 책임을 강조한다. 고대 유대 사회에서 율법 교사와 회당의 지도자는 높은 명예를 누렸지만, 야고보는 그 직분에 따르는 영적 부담을 역설적으로 상기시킨다.

2절은 그 경고의 이유를 보다 보편적인 차원에서 제시한다. 즉 "우리가 다 실수가 많으니 ......"라는 말은 야고보 자신을 포함한 모든 신자들의 연약함을 인정하는 고백이다. 이어서 '말에 실수가 없는 자'를 '온전한 사람'이라 부르며, 혀의 통제가 인격 전체의 통제와 직결됨을 선포한다. 이는 1장 4절의 '온전하고 구비하여 조금도 부족함이 없는 사람'과 연결되며, 또한 1:26에서 '혀를 제어하지 못하는 자의 경건은 헛것'이라는 경고와도 맞닿는다.

이로써 야고보는 말의 통제가 단지 하나의 윤리적 덕목이 아니라 신앙 성숙의 본질에 속한다는 점을 드러낸다. 곧 교훈과 말로써 다른 이를 이끄는 자일수록, 말의 실수에 대한 책임이 크다는 사실을 상기시키는 것이다.

4) 신학적 · 교회적 적용

이 본문은 '말씀을 가르치는 사역자'들이 반드시 성품과 언어생활에서 모범이 되어야 한다는 점을 경고한다. 현대 교회에서도 설교자나 교사, 지도자들이 언어로 실족하지 않도록 경건한 자기 점검이 필요하다.

공동체 안에서 '말'은 단순한 정보 전달의 수단이 아니라, 사람을 세우거나 무너뜨리는 능력을 지닌다. 따라서 말에 책임감을 가지는 성숙한 태도는 교회 공동체의 건강한 질서를 위해 반드시 요구된다.

'온전함'은 단순한 도덕적 완전함이 아니라, 말과 행동이 일치된 전인격적 신앙인의 표지다. 그러므로 혀의 훈련은 온전함을 향한 훈련의 중심 과제임을 기억해야 한다.

5) 묵상과 실천 가이드

나는 내 말에 얼마나 책임을 느끼며 살아가고 있는가?

가르치는 자로서 내가 섣불리 말하거나 남을 판단했던 경험은 없는가?

내 언어생활이 진정으로 하나님을 기쁘시게 하고 있는지 돌아보자.

오늘 내가 해야 할 말, 하지 말아야 할 말은 무엇인가?

기도 제목

"하나님, 저의 입술을 지켜 주셔서, 거짓이나 험담, 비판이 아니라 생명을 살리는 말을 하게 하소서. 제 말이 온전함을 이루는 도구가 되게 하소서."

2. 야고보서 3:3~5 혀의 작지만 큰 영향력

1) 본문(개역 개정)

3절 : 우리가 말들의 입에 재갈 물리는 것은 우리에게 순종하게 하려고 그 온 몸을 제어하는 것이라.

4절 : 또 배를 보라. 그렇게 크고 광풍에 밀려가는 것들을 지극히 작은 키로써 사공의 뜻대로 운행하나니

5절 : 이와 같이 혀도 작은 지체로되 큰 것을 자랑하도다. 보라 얼마나 작은 불이 얼마나 많은 나무를 태우는가.

2) 본문의 구조

절	담화 기능	내용 요약
3절	비유 1	말의 입에 재갈을 물려 온몸을 통제하는 비유
4절	비유 2	작은 키가 큰 배를 움직이는 비유
5절 상	결론	혀의 작지만 강력한 영향력에 대한 요약
5절 하	비유 3	작은 불이 큰 숲을 태우는 것처럼, 혀의 파괴력을 암시

3) 논증 흐름 설명

이 단락은 3:1~2절의 '말에 실수가 없는 자는 온전한 사람'이라는 명제를 뒷받침하는 세 가지 비유로 구성되어 있다. 모두 작지만 큰 영향력을 미치는 것을 강조한다. 이는 혀라는 작은 기관이 인격 전체에, 나아가 공동체 전체에 어떤 영향을 미치는지를 이해시키기 위한 강력한 수사적 장치다.

3절의 말 재갈 비유는 인간이 말을 조종할 수 있는 것은 작은 재갈 하나 때문이라는 점을 강조한다. 이 재갈은 통제의 상징으로, 혀의 통

제가 전인격의 통제로 이어질 수 있다는 사실을 나타낸다.

4절의 배와 키의 비유는 외부의 강한 힘(광풍)에도 불구하고 작은 키 하나로 항해 방향이 결정된다는 점을 보여준다. 이는 인간의 삶이 외적 상황보다도 말의 통제에 의해 얼마나 크게 영향을 받을 수 있는지를 암시한다.

5절 상반절은 위 두 비유의 요점을 요약하면서, 혀가 비록 '작은 지체'이지만 '큰 것을 자랑하는' 강력한 영향력을 지닌 존재임을 강조한다. 여기서 '자랑한다'는 말은 긍정적 뉘앙스가 아니라, 교만하고 방자하게 굴며 자기 자신을 과시하거나 다른 이를 해치는 말의 성격을 포함한다.

5절 하반절의 불 비유는 파괴적 속성을 강조한다. 작은 불씨 하나가 광대한 숲을 삼킬 수 있듯, 작은 말 한마디가 사람과 공동체를 파괴할 수 있다는 경고다. 이 비유는 다음 절인 6절의 '혀는 곧 불이요'라는 표현으로 이어지며, 혀의 위험성과 죄악성을 집중 조명하는 흐름을 형성한다.

이러한 비유들은 모두 혀의 영향력이 단순히 말의 문제가 아니라, 온 인격과 공동체를 좌우하는 본질적인 문제라는 것을 강조하며, 야고보서 전체의 실천 신앙 강조와 일관된 논지를 보여준다.

4) 신학적 · 교회적 적용

이 단락은 신자 개인뿐 아니라 교회 공동체 안에서의 언어생활에 대한 심각한 성찰을 요구한다. 작지만 큰 영향력을 지닌 혀는 공동체의 진로를 바꾸거나 파괴할 수도 있는 힘을 지니고 있다.

비유들은 단순한 수사가 아니라, 영적 훈련의 초점이 어디에 있어야 하는지를 지시한다. 혀의 통제는 경건의 외적 표현이나 예배 참여보다도 더 내밀하고 근본적인 신앙의 증거다.

오늘날 SNS와 디지털 소통이 일반화된 시대에는 말의 힘과 책임이 더욱 중요해지고 있다. 디지털 공간에서도 신자는 말의 책임을 깊이 자각하며 행동해야 할 것이다.

5) 묵상과 실천 가이드

나는 평소 말의 힘과 파급력을 얼마나 의식하며 살아가고 있는가?

내 입에서 나가는 말들이 다른 사람에게 생명의 불이 되고 있는가, 아니면 파괴의 불씨가 되고 있는가?

오늘 내가 말할 때, '온몸을 제어하는 재갈'과 '삶의 방향을 잡는 키'를 어떻게 사용할 수 있을까?

기도 제목

"주님, 저의 혀를 통제할 수 있는 절제된 지혜를 주소서. 저의 말이 사람을 세우고, 공동체를 살리며, 나아가 저의 삶 전체를 당신의 뜻대로 이끄는 도구가 되게 하소서."

3. 야고보서 3:6~8 혀는 온몸을 더럽히는 불이다

1) 본문(개역 개정)

6절 : 혀는 곧 불이요 불의의 세계라 혀는 우리 지체 중에서 온 몸을 더럽히고 삶의 수레바퀴를 불사르나니 그 사르는 것이 지옥 불에서 나느니라.

7절 : 여러 종류의 짐승과 새와 벌레와 바다의 생물은 다 길들일 수 있고 길들었거니와

8절 : 혀는 능히 길들일 사람이 없나니 쉬지 아니하는 악이요 죽이는 독이 가득한 것이라.

2) 본문의 구조

절	담화 기능	내용 요약
6절	혀의 본질 규정	혀는 불이며 불의의 세계로, 인생 전체를 더럽힘
7절	자연과 비교	동물은 길들일 수 있으나
8절	혀의 통제 불가성 강조	혀는 길들일 수 없고 파괴적임

3) 논증 흐름 설명

야고보는 3:5에서 혀의 파괴력을 '큰 숲을 불사르는 작은 불'로 비

유한 데 이어, 3:6에서는 그 불이 단지 큰 불이 아니라 '지옥에서 나는 불'이라고 말함으로써 혀의 위협성을 극대화한다. 여기서 '불의의 세계'라는 표현은 혀가 죄악과 부정함을 농축하고 있는 중심 장기라는 것을 상징한다. 혀는 단순히 개인의 문제가 아니라 공동체 전체를 오염시키는 악의 통로로 기능할 수 있다는 것이다.

7절과 8절은 자연계와 혀를 대조하여, 인간이 모든 짐승을 길들일 수 있으나 혀는 결코 길들일 수 없다고 말한다. 이는 창세기 1:28의 '만물을 다스리는' 인간의 권한이 혀 앞에서는 무력해진다는 점을 보여준다. 혀는 통제되지 않을 때, '쉬지 않는 악'이며, '죽이는 독이 가득한' 존재로 묘사된다. 이는 시편 140:3("그 입술 아래에는 독사의 독이 있나이다") 등의 구약 지혜문학과도 깊은 연관을 지닌다.

이 단락은 결국 혀의 통제가 단지 도덕적 문제가 아니라, 영적이고 존재론적 문제임을 강조한다. 혀를 제어하지 못하면 인생 전체가 더러워지고, 그것은 곧 지옥의 불길에 던져지는 것과도 같은 파국으로 이어질 수 있다는 것이 야고보의 강한 경고다.

4) 신학적 · 교회적 적용

이 본문은 '말'이라는 일상적 행위가 얼마나 신앙의 본질과 연결되어 있는지를 보여준다. 말은 단순한 커뮤니케이션 수단이 아니라 신앙의 정체성과 품격을 드러내는 영적 장기다.

공동체에서 말의 파괴력이 얼마나 크고 회복 불가능한 결과를 초래할 수 있는지에 대한 교회적 자각이 필요하다. 말에 실수가 많다는 사실을 진지하게 받아들이고, 말하기 전 '침묵'과 '기도'의 훈련이 동반되어야 한다.

야고보는 혀를 다스릴 수 없다고 단언하지만, 동시에 1:26에서 "말을 제어하지 못하는 자의 경건은 헛되다"고 말한다. 이는 혀를 다스리는 능력은 인간의 자율적 능력으로 되지 않고, 오직 성령의 열매(갈 5:22~23)로 가능하다는 신학적 해석으로 이어질 수 있다.

5) 묵상과 실천 가이드

나는 일상에서 내 말이 얼마나 많은 상처를 주고 있는지 인식하고 있는가?

내가 성도나 이웃에게 쓴 말은 어떤 결과를 낳았는가? 그 말이 불이 되어 공동체를 태우지는 않았는가?

오늘 하루, 하나님 앞에서 '말을 줄이는 훈련'과 '유익한 말로 공동체를 세우는 실천'을 시도해 보자.

혀는 통제 불능의 존재이지만, 성령의 도우심은 말의 절제와 온유함을 가능하게 한다. '성령의 지혜'를 구하며 오늘도 혀를 맡기는 기도를 드려보자.

4. 야고보서 3:9~12 한 입에서 찬송과 저주가 나올 수 있는가

1) 본문(개역 개정)

9절 : 이것으로 우리가 주 아버지를 찬송하고 또 이것으로 하나님의 형상대로 지음을 받은 사람을 저주하나니

10절 : 한 입에서 찬송과 저주가 나오는도다. 내 형제들아 이것이 마땅하지 아니하니라.

11절 : 샘이 한 구멍으로 어찌 단 물과 쓴 물을 내겠느냐

12절 : 내 형제들아 어찌 무화과나무가 감람 열매를, 포도나무가 무화과를 맺겠느냐? 이와 같이 짠물이 단물을 내지 못하느니라.

2) 본문의 구조

절	담화 기능	내용 요약
9절	모순 제시	같은 혀로 찬송과 저주를 함께 함
10절	도덕적 판단	찬송과 저주의 동시 발화는 신앙인에게 합당하지 않음
11절	비유적 논거 (샘)	하나의 샘에서 단물과 쓴 물이 함께 나올 수 없음
12절	비유적 논거 (나무)	나무는 그 종에 따라 열매를 맺으며 짠물에서는 단물을 낼 수 없음

3) 논증 흐름 설명

야고보는 앞에서 혀의 파괴적 속성과 통제 불가능성에 대해 말한

후, 이번 단락에서는 혀의 **모순적 사용**에 초점을 맞추어 그 신앙적 부조리함을 고발한다. 그는 **혀가** 하나님을 찬송하는 동시에 사람을 저주한다는 사실을 지적하면서, 이 두 행위가 절대로 함께 있을 수 없음을 강조한다.

9절은 하나님의 형상을 따라 지음 받은 사람을 저주하는 것이 곧 하나님을 저주하는 것과 다를 바 없다는 암시를 준다. 창세기 1:26~27의 인간 창조 기사에 의하면, 인간은 '하나님의 형상'을 지닌 존재다. 따라서 사람을 저주하는 것은 곧 하나님을 찬송하는 혀로 '하나님의 형상'을 부정하는 이중적 행위이며, 이는 곧 신앙의 위선이다.

야고보는 10절에서 그 부조리를 명확히 지적하며, "이것이 마땅하지 않다"고 단호히 말한다. 그러고서 11절과 12절에서 자연의 이치를 통해 이 모순을 논박한다. 단물과 쓴 물이 같은 샘에서 나올 수 없듯, 하나의 나무가 다른 종류의 열매를 맺을 수 없으며, 짠물이 단물을 낼 수 없는 것처럼, 신앙인의 말도 그러해야 한다는 것이다. 이 비유들은 마태복음 7:16~20과 누가복음 6:43~45의 열매에 대한 예수님의 교훈과도 긴밀히 연결된다.

야고보는 혀를 통해 드러나는 신앙의 모순을 단순한 인간적 약점으로 보지 않는다. 오히려, 이러한 모순은 그 사람의 신앙 전체가 이중적이며 왜곡되어 있다는 증거라고 본다. 혀는 마음의 거울이기 때문이다. 따라서 말의 이중성은 단순한 실수가 아니라, 신앙의 진정성을 시험하는 영적 기준이다.

4) 신학적 · 교회적 적용

이 본문은 교회 공동체 내에서 매우 실제적인 적용점을 제공한다. 야고보는 단지 "말을 조심하라"는 도덕적 교훈을 주는 것이 아니라, "신앙과 말이 일치해야 한다"는 신학적 **진단**을 내린다.

믿음의 공동체에서 가장 쉽게 무너지는 영역은 바로 언어이며, 칭찬과 저주가 공존하는 교회 문화는 복음의 능력을 무력화시킬 수 있다.

예배당 안에서 하나님을 찬양한 바로 그 입술로 형제를 비난하거나, 세상 사람들을 조롱하거나 정죄한다면, 그 신앙은 본질적으로 파열되어 있다.

야고보는 혀의 모순된 사용을 회개해야 할 죄로 규정하며, 신앙인의 언어가 하나님의 성품을 닮은 단일성과 순수성을 지녀야 한다고 강조한다. 이는 곧 교회 안팎에서 말과 행위, 신앙과 삶이 일치된 '온전한 자'로 부름받았다는 소명을 상기시키는 대목이다.

5) 묵상과 실천 가이드

나는 하나님을 찬양하는 혀로 동시에 사람을 비판하거나 정죄하고 있지는 않은가?

내 말은 공동체를 세우고 살리는 말인가, 아니면 분열시키고 상처 주는 말인가?

하나님의 형상대로 지음 받은 사람을 어떻게 바라보고 말하는가?

내 언어는 그 형상을 존중하고 있는가?

오늘 하루, 내가 내뱉는 말 한마디가 하나님 앞에서 어떤 무게를 가지는지를 기억하자. 내 혀의 움직임을 성령께 맡기며, 말의 일관성과 순결을 지키기 위한 기도를 드리자.

5. 야고보서 3:13~18 위로부터 난 지혜와 세상 지혜의 대조

1) 본문(개역 개정)

13절 : 너희 중에 지혜와 총명이 있는 자가 누구냐 그는 선행으로 말미암아 지혜의 온유함으로 그 행함을 보일지니라.

14절 : 그러나 너희 마음 속에 독한 시기와 다툼이 있으면 자랑하지 말라 진리를 거슬러 거짓말하지 말라.

15절 : 이러한 지혜는 위로부터 내려온 것이 아니요 땅 위의 것이요 정욕의 것이요 귀신의 것이니

16절 : 시기와 다툼이 있는 곳에는 혼란과 모든 악한 일이 있음이라.

17절 : 오직 위로부터 난 지혜는 첫째 성결하고 다음에 화평하고 관용하고 양순하며 긍휼과 선한 열매가 가득하고 편견과 거짓이 없나니

18절 : 화평하게 하는 자들은 화평으로 심어 의의 열매를 거두느니라.

2) 본문의 구조

절	담화 기능	내용 요약
13절	정립적 권고	참된 지혜의 소유자는 행함으로 그것을 드러내야 함
14~16절	부정적 진단	시기와 다툼에서 비롯된 거짓 지혜는 땅과 정욕과 귀신에서 남
17절	긍정적 정의	위로부터 난 지혜는 성결하고 화평하며 긍휼과 선한 열매로 가득함
18절	결론적 권고	화평케 하는 자들이 의의 열매를 맺음

3) 논증 흐름 설명

야고보는 13절에서 '지혜롭고 슬기로운' 자가 누구인지를 묻고, 그 지혜가 '행함'으로 나타나야 함을 강조한다. 이는 단순한 지식이나 말뿐 아니라 행동을 통한 지혜의 입증을 뜻한다.

14절부터 16절까지는 '시기와 다툼'으로 인해 발생하는 거짓 지혜의 실체를 밝힌다. 이 지혜는 '위로부터 난 것'이 아니며, 오히려 땅과 정욕과 귀신으로부터 나오는 것이라 규정한다. 이 표현은 지혜의 근원과 성격을 밝히는 신학적 진단으로, 세상적 욕심과 이기심에서 비롯된 지혜가 진정한 지혜가 아님을 단호히 말한다. '거기에는 시기와 다툼과 모든 악한 일'이 있음을 지적함으로써, 이런 지혜는 공동체 파괴와 영적 부패를 가져오는 원인이 된다.

17절에서는 '위로부터 난 지혜'의 특징을 대조적으로 제시한다. 이 지혜는 '성결', '화평', '관용', '양순', '긍휼', '선한 열매' 등이 충만하며 '편견'과 '거짓'이 없다는 점이 강조된다. 이로써 야고보는 진정한 지혜의 윤리적 · 영적 특성을 구체화한다.

마지막 18절은 '화평하게 하는 자'가 '의의 열매'를 맺는다고 결론 내린다. 이는 공동체 안에서 평화를 이루는 사람이야말로 참된 지혜의 소유자임을 선언하는 것으로, 신앙 공동체 내 화목의 중요성을 부각시킨다.

4) 신학적 · 교회적 적용

이 단락은 교회 내 갈등과 분쟁, 그리고 거짓된 지혜의 문제를 직시하며, 진정한 지혜가 무엇인지 명확히 한다. 신앙 공동체에서 '지혜'는 단순한 학식이나 지식이 아니라, 행함과 일치하는 '영적 실천'임을 기억해야 한다.

교회 내에 시기와 다툼, 편견과 거짓이 있다면 이는 땅과 정욕과 귀신의 지혜가 개입한 결과다. 이러한 상황에서는 공동체의 치유와 회복을 위한 진지한 자기 성찰과 회개가 필요하다.

반면, '위로부터 난 지혜'는 화평과 긍휼, 관용으로 공동체를 세우며, 이는 그리스도인의 삶과 교회의 본질적 사명과 깊이 연결된다. 교회는 이 지혜를 구하고 실천함으로써 세상과 구별되는 하나님의 백성이 되어야 한다.

5) 묵상과 실천 가이드

나는 내 삶과 공동체에서 '위로부터 난 지혜'를 드러내고 있는가?

시기와 다툼, 편견과 거짓이 내 마음과 말과 행동에 숨어 있지는 않은가?

내 삶의 '행함'은 진정한 지혜를 나타내는가, 아니면 세상의 지혜를 따르고 있는가?

하나님께 '성결한 마음'과 '화평을 이루는 능력'을 구하며, 관용과 긍휼로 타인을 대할 수 있도록 기도하자.

4장 세상과 싸우는 신앙인
– 욕망, 겸손, 그리고 하나님의 뜻(약 4장)

야고보서 4장 : 전체 구조와 문맥에서 4장의 의미

야고보서 4장은 1장에서 3장에 이르는 신앙과 삶에 관한 권면을 바탕으로, 구체적으로 '세상과의 갈등'과 '내적 분쟁'의 근원을 고찰하며 회개와 겸손을 촉구하는 장이다.

이 장은 특히 신앙인의 '세상과 친구 됨'이 '하나님과 원수 됨'을 가져오는 문제를 다루며, 세속적 욕망과 정욕이 갈등과 분쟁의 씨앗임을 밝힌다. 또한 이기심과 자만을 경계하며, 겸손한 마음과 하나님께 대한 의존을 통해 참된 화목과 평안을 회복하라고 권고한다.

야고보는 4장을 통해 신앙의 내적 투쟁과 공동체 내 분쟁 문제를 '근원적 차원'에서 진단하며, 참된 신앙생활은 하나님과의 바른 관계

정립을 중심으로 이루어져야 함을 강조한다.

4장은 크게 세 부분으로 구성된다.

1~3절 : **싸움**과 다툼의 원인 규명

4절 : 세상과 친구 됨은 곧 하나님과 원수 됨임을 선언

5~10절 : 회개와 겸손으로 하나님께 돌아가라는 촉구

11~12절 : 서로 비난하지 말고 오직 하나님만을 주권자로 인정할 것에 대한 권고

이러한 구조 속에서 4장은 신앙인의 삶에 내재한 갈등 문제를 해결하는 근본적 방향을 제시하며, 공동체의 화목과 개인의 경건 회복을 위한 필수적인 지침을 제공한다.

1. 야고보서 4:1~3 내면의 싸움과 잘못된 기도의 문제

1) 본문(개역 개정)

1절 : 너희 중에서 싸움이 어디로부터 다툼이 어디로부터 나느냐 너희 지체 중에서 싸우는 정욕으로부터 나는 것이 아니냐

2절 : 너희는 욕심을 내어도 얻지 못하여 살인하며 시기하여도 능히 취하지 못하므로 다투고 싸우는도다. 너희가 얻지 못함은 구하지 아니하기 때문이요

3절 : 구하여도 받지 못함은 정욕으로 쓰려고 잘못 구하기 때문이라.

2) 본문의 구조

절	담화 기능	내용 요약
1절	문제 제기	공동체 내 싸움과 다툼의 원인을 묻고 진단
2절	원인 분석	욕망이 충족되지 않음으로 인해 싸움과 다툼이 발생
3절	기도의 실패 원인 및 결과 제시	기도가 응답되지 않는 이유는 잘못된 동기 때문임

3) 논증 흐름 설명

야고보는 공동체 내에서 벌어지는 싸움과 다툼의 근본 원인을 탐구한다. 첫째, 그는 이 다툼이 겉으로 드러나는 충돌 이상임을 밝힌다. 즉, 싸움의 뿌리는 사람들의 마음속 욕망에서 비롯된다고 한다. 1절에서 "너희 중에서 싸움과 다툼이 어디서 나오느냐?"는 질문은 독자의 관심을 내부 문제로 돌린다. 다툼은 외적 상황의 결과가 아니라, 내면의 욕망과 갈등에서 생겨난다는 점을 강조한다.

2절에서는 욕망이 구체적으로 어떻게 다툼과 연결되는지 밝힌다. 사람들은 원하는 것을 얻지 못하니 욕심을 품고 싸우며 다툰다. 여기서 '욕심'은 단순한 바람을 넘어선 집착적이고 탐욕적인 마음 상태를 뜻한다. 그러나 이 욕망들이 충족되지 않는 이유는 단순히 외적 조건 때문만이 아니라, '구하지 아니함'에서 비롯되었다고 말한다. 즉, 영적 무관심이나 소극적인 태도도 문제의 한 축임을 지적한다.

3절에서는 기도했지만 응답받지 못하는 상황을 설명한다. 문제는 '잘못 구함'에 있다. 이 '잘못된 기도'는 '정욕' 곧 자기 욕심을 채우려는 동기로 드려진 기도를 의미하며, 이러한 기도는 하나님께서 허락하지 않으신다고 단호하게 밝힌다. 따라서 신앙인의 기도는 자기중심적 욕망을 벗어나 하나님의 뜻에 일치해야 하며, 그렇지 않으면 응답받기 어렵다는 사실을 경고한다.

야고보는 이처럼 싸움과 다툼의 원인을 욕망과 동기 문제로 집중시켜, 공동체 내의 외적 갈등을 영적 · 도덕적 문제로 전환시킨다. 동시에 기도의 진정성을 묻는 이 단락은 신앙인의 내면 성찰과 자기 통제가 얼마나 중요한지를 일깨운다.

4) 신학적 · 교회적 적용

이 말씀은 공동체 내 갈등이 단순한 오해나 성격 차이에서 비롯된 것이 아니라, 깊은 욕망과 잘못된 마음 자세에서 출발함을 알려 준다. 교회는 신자들이 자기 욕심을 내려놓고 겸손히 하나님께 나아가도록 지도해야 한다. 또한, 기도가 단지 자신의 욕망을 채우기 위한 수단이 아니라, 하나님의 뜻에 순종하는 겸손한 자세로 드려져야 함을 교훈한다.

교회는 신앙인의 내면 동기를 점검하게 하고, 공동체 안에서 욕심과 시기, 다툼이 아닌 사랑과 화평이 실천되도록 목회적 돌봄과 훈련을 제공해야 한다.

5) 묵상과 실천 가이드

자신의 내면에 숨겨진 욕망과 다툼의 뿌리를 솔직히 바라보는 시간을 갖자.

하나님께 기도할 때, '내 뜻'보다 '하나님의 뜻'이 이루어지길 구하는 겸손한 마음을 회복하자.

공동체 내 갈등이 있을 때, 표면적 문제만 보기보다 내면의 동기와 마음 자세를 점검하며 화해를 위해 노력하자.

욕망이 충족되지 않을 때 화내거나 다투지 말고, 그 상황 속에서 하나님의 뜻을 묻고 기다리는 인내를 연습하자.

2. 야고보서 4:4~10 세상과의 우정을 버리고 하나님께 돌아오라 : 회개와 겸손의 권고

1) 본문(개역 개정)

4절 : 간음한 여인들아, 세상과 벗된 것이 하나님과 원수됨을 알지 못하느냐? 그런즉 누구든지 세상과 벗이 되고자 하는 자는 스스로 하나님과 원수 되는 것이니라.

5절 : 너희는 하나님이 우리 속에 거하게 하신 성령이 시기하기까지 사모한다 하신 말씀을 헛된 줄로 생각하느냐?

6절 : 그러나 더욱 큰 은혜를 주시나니, 그러므로 일렀으되 하나님이 교만한 자를 물리치시고 겸손한 자에게 은혜를 주신다 하였느니라.

7절 : 그런즉 너희는 하나님께 복종할지어다. 마귀를 대적하라. 그리하면 너희를 피하리라.

8절 : 하나님을 가까이하라. 그리하면 너희를 가까이하시리라. 죄인들아, 손을 깨끗이 하라. 두 마음을 품은 자들아, 마음을 성결하게 하라.

9절 : 슬퍼하며 애통하며 울지어다. 너희 웃음을 애통으로, 너희 즐거움을 근심으로 바꿀지어다.

10절 : 주 앞에서 낮추라. 그리하면 주께서 너희를 높이시리라.

2) 본문의 구조

절	담화 기능	내용 요약
4절	죄의 고발	세상과 벗이 되는 것은 하나님과의 적대 행위임을 강하게 지적함
5절	성서적 정당화	성령의 질투와 시기심을 강조하여 신자의 이중적인 태도를 경고함
6절	은혜의 선포	하나님은 더 큰 은혜를 주시며, 겸손한 자에게 은혜를 베푸심을 선언
7절	회개의 권고 ①	하나님께 복종하고 마귀를 대적할 것을 촉구함
8절	회개의 권고 ②	하나님께 가까이 가고, 손과 마음을 정결케 할 것을 권고함

9절	회개의 실천	죄에 대한 진정한 슬픔과 애통을 촉구함
10절	약속의 선포	겸손하게 자기를 낮추는 자를 하나님이 높이신다는 약속을 밝힘

3) 논증 흐름 설명

이 단락은 야고보서 전체에서 가장 격정적이고 강한 어조로 구성된 회개의 촉구다. 1~3절에서 공동체 내부의 분쟁과 탐욕이 그들의 기도의 왜곡과 영적 불일치를 드러냈다면, 4절부터는 그 뿌리를 '세상과의 우정', 곧 하나님을 등지고 세상적 가치에 의존하는 태도에서 찾는다.

4절에서 야고보는 독자들을 '간음한 여인들아'라고 부름으로써 선지자적 전통을 이어받는다(예: 호세아, 예레미야). 이 표현은 단순한 비유가 아니라, 하나님과의 언약 관계를 저버리고 세상과 정을 통하는 영적 배신을 신랄하게 고발하는 것이다.

5절은 해석이 다양한 구절이지만, 가장 자연스러운 해석은 "하나님께서 우리 안에 거하게 하신 영(성령)은 우리가 온전히 하나님만 사랑하기를 질투하시며 원하신다"는 뜻으로 보는 것이다. 이는 신자가 하나님과 세상 사이에서 양다리를 걸치는 것을 얼마나 심각하게 보아야 하는지를 강조한다.

6절은 야고보서의 중요한 전환점이다. 하나님의 은혜는 심판보다 크며, 교만한 자가 아닌 겸손한 자에게 은혜가 주어진다고 선포한다.

이 구절은 회개할 길이 열려 있음을 선언하는 복음적 중심이다.

7~10절은 구체적인 회개와 영적 복원의 길을 제시한다. 복종, 마귀 대적, 하나님께 가까이함, 손과 마음의 정결함, 애통, 낮춤이라는 표현들은 모두 공동체와 개인이 하나님 앞에서 겸비한 자세로 돌아올 것을 촉구하는 언어다.

특히 10절은 이 단락의 결론이자 요약이다. 하나님 앞에서 자신을 낮출 때, 하나님은 높이신다는 이 약속은 신자에게 위로와 소망을 동시에 제공한다.

4) 신학적 · 교회적 적용

이 단락은 오늘날 교회가 직면한 세속화의 문제에 대한 강한 경고다. 신자는 세상의 가치와 우정을 따르면서 동시에 하나님과의 관계를 유지할 수 없다는 사실을 직시해야 한다.

회개는 감정적인 울음이 아니라, 하나님께 복종하고 자기를 낮추며, 삶의 방향을 하나님 중심으로 전환하는 구체적인 실천이다.

교회 공동체는 이 말씀을 바탕으로, 외적인 부흥보다 내적인 정결, 화려한 언변보다 겸손한 순종을 더 중요하게 여겨야 한다.

5) 묵상과 실천 가이드

나는 내 삶에서 세상의 기준과 하나님의 기준 사이에서 어디에 더 가까이 서 있는가?

"하나님을 가까이하라"는 말씀은 구체적으로 어떤 실천으로 나타나고 있는가?

나는 나의 교만함을 인식하고 있는가? 나는 하나님 앞에서 낮아지려는 태도를 실천하고 있는가?

3. 야고보서 4:11~12 형제를 비난하지 말라 – 율법과 재판관의 자리에 서지 말라

1) 본문(개역 개정)

11절 : 형제들아, 서로 비방하지 말라. 형제를 비방하는 자나 형제를 판단하는 자는 곧 율법을 비방하고 율법을 판단하는 것이라. 네가 만일 율법을 판단하면 율법의 준행자가 아니요, 재판관이로다.

12절 : 입법자와 재판관은 오직 한 분이시니, 능히 구원하기도 하시며 멸하기도 하시느니라. 너는 누구이기에 이웃을 판단하느냐?

2) 본문의 구조

절	담화 기능	내용 요약
11절	권고 및 경고	형제를 비방하거나 판단하지 말라는 권고, 그 행위는 율법을 무시하는 것임을 경고
12절	신학적 근거	오직 하나님만이 입법자이자 재판관이며, 인간은 판단자가 될 수 없음을 밝힘

3) 논증 흐름 설명

이 짧은 단락은 앞선 4:4~10의 회개 권고에 이어지는 윤리적 적용으로서, 회개한 자가 공동체 안에서 구체적으로 어떻게 살아야 하는지를 보여준다.

11절에서 야고보는 '형제들아'라는 호소적 표현으로 공동체 구성원들에게 다시 한 번 친밀하게 말을 건다. 여기서 '비방'이라는 단어는 단순한 험담이나 뒷말 이상의 뜻을 지닌다. 이는 공동체 안에서 상대를 깎아내리고 정죄함으로써 자신을 높이려는 언행을 가리키며, 이런 태도는 사실상 하나님의 율법을 거스르고 그 율법 위에 군림하려는 교만함의 표현으로 간주된다.

야고보는 놀랍게도 이러한 언행이 단순히 '형제를 판단하는 것'에 그치지 않고, '율법을 판단하는 것'이라고 말한다. 왜냐하면 율법은 사랑을 요구하는 하나님의 뜻이며(약 2:8), 형제를 판단하는 자는 그 율법의 요구를 거부하고 스스로 재판관의 위치에 서기 때문이다.

12절은 이 논리를 결정적으로 마무리한다. 야고보는 구약적 전통에 따라 하나님을 '입법자이자 재판관'으로 선포한다(사 33:22 참조). 이 하나님만이 사람을 구원하거나 멸하실 권리를 갖고 계시며, 인간은 그 누구도 이웃을 심판할 자격이 없다는 것이다. 결론의 반문, "너는 누구이기에?"는 교만하고 판단하기 좋아하는 자의 위치를 통렬하게 깨우쳐 주는 설교적 문장이다.

이처럼 본 단락은 짧지만, 공동체 윤리의 중심을 형성하며, 야고보서 전체의 '행함 있는 믿음'이라는 주제와 밀접하게 연결된다.

4) 신학적 · 교회적 적용

하나님의 율법은 사랑을 실천하는 삶을 요구하며, 타인을 판단하거나 정죄하는 자는 율법을 지키는 자가 아니라 판단하는 자가 된다.

공동체 내에서의 비판과 정죄는 하나님의 자리를 넘보는 행위이다.

하나님만이 입법자이자 재판관이시기에, 신자는 겸손히 율법을 지키는 자로 살아가야 하며, 타인에 대해 극히 조심스럽고 자비로운 태도를 지녀야 한다.

5) 묵상과 실천 가이드

나는 내 안에 있는 비판적 태도나 판단하는 마음을 얼마나 인식하고 있는가?

공동체 안에서 나는 비방과 정죄의 언어 대신 사랑과 격려의 말을 실천하고 있는가?

나는 하나님만이 참된 재판관이시라는 사실을 기억하며, 겸손히 살아가고 있는가?

4. 야고보서 4:13~5:6 세속적 소유 추구에 대한 경고와 심판의 선언

1) 본문(개역 개정)

4:13 들으라, 너희 말하기를 "오늘이나 내일 어느 도시에 가서 거기서 일 년을 머물며 장사하여 이익을 보리라" 하는 자들아.

4:14 내일 일을 너희가 알지 못하는도다. 너희 생명이 무엇이냐? 너희는 잠깐 보이다가 없어지는 안개니라.

4:15 너희가 도리어 말하기를 "주의 뜻이면 우리가 살기도 하고 이것이나 저것을 하리라" 할 것이거늘,

4:16 이제 너희가 허탄한 자랑을 하니 그러한 자랑은 다 악한 것이라.

4:17 그러므로 사람이 선을 행할 줄 알고도 행하지 아니하면 죄니라.

5:1 들으라, 부한 자들아. 너희에게 임할 고생으로 말미암아 울고 통곡하라.

5:2 너희 재물은 썩었고 너희 옷은 좀먹었으며,

5:3 너희 금과 은은 녹이 슬었으니 이 녹이 너희에게 증거가 되며 불 같이 너희 살을 먹으리라. 너희가 말세에 재물을 쌓았도다.

5:4 보라, 너희 밭에서 추수한 품꾼들에게 주지 아니한 삯이 소리 지르며, 그 추수한 자의 우는 소리가 만군의 주의 귀에 들렸느니라.

5:5 너희가 땅에서 사치하고 방종하여 살륙의 날에 너희 마음을 살찌게 하였도다.

5:6 너희는 의인을 정죄하고 죽였으나 그는 너희에게 대항하지 아니하였느니라.

2) 본문의 구조

절	담화 기능	내용 요약
4:13~16	권고 및 경고	자기를 의지하고 미래를 계획하는 장사꾼들에 대한 교만한 태도 경고
4:17	결론적 선언	알면서도 선을 행하지 않는 것이 죄라는 윤리적 종합 선언
5:1~6	심판 선언	부자들의 불의한 소유 축적과 착취 행위에 대한 심판적 선언

3) 논증 흐름 설명

야고보는 이 단락에서 세속적 부의 추구와 자기 확신적 계획이 얼마나 영적 오만에 빠진 행위인지를 강하게 경고한다. 이 두 부분(4:13~17과 5:1~6)은 주제상 하나로 이어지며, 같은 배경 의식을 공유한다. 바로 하나님 없는 자기 계획과 불의한 재물 추구는 하나님의 심판을 불러온다.

4:13~16에서는 '장사하여 이익을 보겠다'고 말하는 자들의 세속적 자기 확신을 비판한다. 문제는 사업 활동 자체가 아니라, 그 행위가 하나님의 주권과 인간의 유한성에 대한 인식 없이 이루어지고 있다는 점이다. 14절의 '안개' 비유는 전도서적인 인생 이해를 반영하며, 인간 존재의 덧없음을 강조한다. 15절의 "주의 뜻이면 ..."이라는 표

현은 신적 섭리에 대한 인식을 강조하는 믿음의 언어이며, 야고보는 신자가 어떤 일을 계획할 때 이 겸손함을 잊지 말아야 함을 역설한다.

4:17은 이러한 경고의 결론이자, 공동체 윤리의 핵심 원칙을 제시한다. 알고도 선을 행하지 않으면 그것은 죄다. 이 말은 신앙이 단순히 행위를 자제하는 것이 아니라, 적극적인 선의 실천을 요구한다는 야고보의 윤리관을 함축한다.

5:1~6은 앞 단락과 논리적으로 연결되며, 특히 당대의 부자 계층의 불의한 축재와 착취 행위를 신랄하게 고발한다. 이들은 말세에 재물을 쌓고(3절), 임금을 착취하며(4절), 사치와 향락을 일삼고(5절), 심지어 의인을 죽였다(6절)는 죄목을 받는다.

야고보는 여기서 예언자적 언어를 사용하며, 마치 구약의 선지자들처럼 부패한 권력과 재물 소유자들에 대한 하나님의 심판을 예고한다. 이 단락은 오늘날 경제적 불의, 신앙과 부의 관계, 정의에 대한 공동체적 성찰을 촉구하는 데 매우 강력한 도전이 된다.

4) 신학적 · 교회적 적용

신앙인은 미래를 계획할 때 늘 하나님의 주권을 의식해야 한다. '주의 뜻이면'이라는 언어는 신앙인의 겸손한 자세를 표현한다.

공동체 내에서는 경제적 정의가 실현되어야 하며, 부를 불의하게 얻는 것과 가난한 자를 억압하는 행위는 하나님 앞에서 심판의 대상이다.

단순한 죄의 회피보다 적극적 선의 실천이 신앙인의 책임이다.

교회는 오늘날의 경제 불평등과 노동자 착취 문제에 대해 예언자적 목소리를 내야 한다.

5) 묵상과 실천 가이드

나는 인생의 계획을 세울 때 하나님의 뜻을 구하며 기도하고 있는가?

나의 소유와 재물 사용은 하나님의 뜻에 합당한 방식인가?

공동체 안에서 약자나 소외된 이웃을 향해 어떤 책임감을 가지고 행동하고 있는가?

내가 알고 있으면서도 행하지 않고 미뤄두는 선한 일이 있다면, 그것은 무엇인가?

D. 공동체를 세우는 인내와 기도

5장 인내와 기도로 완성되는 믿음(약 5장)

야고보서 5장은 서신의 결론부로서, 앞서 1장부터 전개해 온 두 가지 중심 테마(시험과 시련 속에서의 인내, 말씀을 행하는 신앙)를 다시 요약하고 실천적으로 적용한다. 본 장은 크게 세 부분으로 구성된다.

첫째(5:1~6), 부자들에게 주는 경고에서는 불의하게 쌓은 재물과 사치스러운 삶이 하나님의 심판 앞에서 무력함을 드러낼 것을 선언한다. 이는 단순한 경제 윤리를 넘어, 1:9~11과 연결되는 부와 가난의 영적 역전 주제를 결론부에서 재강조한 것이다.

둘째(5:7~11)는 1:2~5:6까지의 결론부로서 첫 번째 테마를 재현하고, 다음과 같이 네 부분으로 이루어져 있다.

① 7~8절 : 인내로의 권고 – 신자들이 주의 재림을 기다리며 인내할 것을 촉구

② 9절 : 심판에 대한 권고 – 형제들 간의 비판을 삼가고 하나님 심판을 신뢰할 것

③ 10절 : 성서로부터의 예 – 예언자들의 인내 본보기

④ 11절 : 인내하는 자에 대한 복 선언 – 욥과 하나님의 긍휼에 대한 강조

셋째(5:12~20)는 서신적 결론부로서 다음과 같이 다양한 끝맺음 권고들로 이루어져 있다.

① 12절 : 맹세 금지 — 맹세 없이 진실된 말을 할 것

② 13~18절 : 기도의 힘

ⓐ 13~16a절 : 구체적인 기도의 권고(고난 중, 즐거움 중, 병든 자를 위한 기도 등)

ⓑ 16b~18절 : 엘리야의 기도 사례를 통한 기도의 능력 강조

③ 19~20절 : 죄인들의 회개 — 길 잃은 자를 회복시키는 사명 강조

특히 여기서는 인내와 기도가 신앙의 완성으로 나아가는 필수 덕목임이 강조된다. 그리고 야고보서 5장은 신앙인의 종착점에서 삶과 믿음이 하나로 통합되는 지점을 보여준다. 믿음은 불의와의 결별, 주님의 재림에 대한 소망, 언어와 행동의 순결, 고난과 질병 속에서의 인

내, 공동체 회복을 위한 사랑의 실천 속에서 완성된다. 따라서 5장은 단순한 결론이 아니라, 야고보서 전체의 핵심을 다시 압축해 보여주는 신앙의 완성 장면이라고 할 수 있다.

1. 야고보서 5:7~11 시련 속에서도 인내하라 – 주께서 가까우시니

1) 본문(개역 개정)

7절 : 그러므로 형제들아, 주께서 강림하시기까지 길이 참으라. 보라 농부가 땅에서 나는 귀한 열매를 바라고 길이 참아 이른 비와 늦은 비를 기다리나니,

8절 : 너희도 길이 참고 마음을 굳건하게 하라. 주의 강림이 가까우니라.

9절 : 형제들아, 서로 원망하지 말라. 그리하여야 심판을 면하리라. 보라, 심판자가 문 밖에 서 계시니라.

10절 : 형제들아, 주의 이름으로 말한 선지자들을 고난과 오래 참음의 본으로 삼으라.

11절 : 보라, 인내하는 자를 우리가 복되다 하나니 너희가 욥의 인내를 들었고 주께서 주신 결말을 보았거니와 주는 가장 자비하시고 긍휼히 여기시는 이시니라.

2) 본문의 구조

절	담화 기능	내용 요약
7~8절	권고	주의 재림을 기다리며 인내할 것을 요청
9절	경고 및 권면	공동체 내 원망을 삼가고 심판을 의식할 것
10절	성서적 본보기 제시	선지자들의 인내를 모범으로 제시
11절	결론 및 격려	욥의 사례를 통해 인내의 복을 강조, 하나님의 긍휼하심을 선언

3) 논증 흐름 설명

이 단락은 앞선 5:1~6의 부자들에 대한 심판 선언 이후에 등장하며, 의롭고 약한 자들에게는 인내의 덕을 권면함으로써 전체 윤리적 가르침을 균형 있게 마무리한다.

7~8절은 주의 강림(παρουσία, 파루시아)에 대한 소망과 함께 신자들이 인내로 살아갈 것을 요청한다. 야고보는 농부의 비유를 통해 지속적인 수고와 기다림의 모범을 제시하며, 인내가 단지 수동적 태도가 아니라 믿음과 기대에 기초한 능동적 실천임을 강조한다.

9절은 인내의 실천이 공동체 내에서 불평과 원망을 자제하는 행위로 구체화되어야 함을 보여 준다. 심판자가 문 앞에 서 있다는 표현은 종말론적 긴박함을 드러내며, 신자들이 하나님의 공의 앞에서 경건하게 살아야 함을 상기시킨다.

10절은 구약의 선지자들을 언급함으로써, 고난과 인내 속에서도 하나님의 말씀에 충실했던 삶의 전통을 강조한다. 이는 신자들이 역사 속의 모범들을 기억하며 현재의 시련을 감당해야 함을 뜻한다.

11절에서는 욥의 인내와 하나님의 결말을 언급한다. 욥은 단지 고통을 겪은 인물이 아니라, 그 고통 가운데에서도 하나님을 떠나지 않고 결국 하나님의 긍휼하심과 회복을 경험한 자였다. 야고보는 이를 통해 하나님의 성품(자비와 긍휼)을 신자의 신앙 여정의 끝에 놓음으로써 전체적인 격려로 이 단락을 마무리한다.

4) 신학적 · 교회적 적용

신앙인은 세상의 억압이나 고난 가운데서도 종말론적 소망과 인내의 삶을 살아야 한다.

재림의 기대는 공동체 윤리로 구체화되어야 하며, 원망이나 분열이 아닌 위로와 격려가 중심이 되어야 한다.

신자는 자신의 시련을 하나님의 큰 계획 속에서 해석할 줄 아는 안목을 가져야 하며, 욥과 선지자들처럼 믿음의 본을 따라야 한다.

하나님의 심판과 긍휼은 야고보서 전반에 걸쳐 균형을 이루는 중요한 신학적 축이며, 이것은 개인적 구원과 공동체적 정의 모두를 포함한다.

5) 묵상과 실천 가이드

지금 나는 어떤 시련 가운데 있는가? 그것을 하나님 앞에서 어떻게 받아들이고 있는가?

나는 미래에 대한 불안 속에서도 하나님의 뜻과 시간에 대한 신뢰를 유지하고 있는가?

공동체 안에서 나는 원망과 판단의 말보다는 위로와 격려의 말을 더 많이 하고 있는가?

욥처럼, 혹은 구약의 선지자들처럼 끝까지 하나님을 바라보는 인내의 모범을 따르기 위해 지금 어떤 결단이 필요한가?

2. 야고보서 5:12 정직한 언어, 맹세를 피하라

1) 본문(개역 개정)

12절 : 내 형제들아, 무엇보다도 맹세하지 말지니, 하늘로나 땅으로나 아무 다른 것으로도 맹세하지 말고, 오직 너희가 그렇다고 생각하는 것은 그렇다 하고, 아니라고 생각하는 것은 아니라 하여 정죄 받음을 면하라.

2) 본문의 구조

절	담화 기능	내용 요약
12절	권면/경고	맹세를 피하고 단순한 언어 사용을 지킬 것을 권고함. 정죄 받지 않도록 주의하라는 종말론적 경계가 뒤따름.

3) 논증 흐름 설명

야고보는 본 절에서 '무엇보다도'(πρὸ πάντων)라는 강한 표현으로 이 권면의 중요성을 강조한다. 이는 본문의 위치나 분량과 무관하게 실천적 신앙의 정수로 언어생활의 정직함을 제시하고 있다는 것을 보여준다.

본문의 핵심은 "맹세하지 말라"는 명령이다. 여기서 말하는 '맹세'는 단순한 서약이 아니라, 자신의 말을 신뢰받게 하기 위해 하나님의 이름이나 다른 신적 대상을 동원하는 습관적이고 불필요한 맹세를 뜻한다. 이 표현은 예수님의 산상수훈(마 5:33~37)을 거의 그대로 반영하고 있으며, "너희 말은 옳다 옳다, 아니라 아니라 하라"(마 5:37)라는 예수의 가르침과 직결된다.

야고보는 신자의 언어가 신뢰성을 담보하기 위해 어떤 외적 보증(예: 하늘, 땅 등)을 필요로 한다면, 이미 말의 진실성과 신앙의 내면성이 훼손된 것임을 지적하고 있는 것이다. 즉, 맹세 없이도 신뢰받을 수 있는 언어 생활이야말로 참된 경건의 표현이라는 것이다.

또한 본 절 말미의 "정죄 받지 않도록 하라"는 경고는 단지 사회적 질서를 위한 윤리적 명령을 넘어서 하나님의 심판을 의식한 종말론적 경고로 이해되어야 한다. 이는 야고보서 전반에 걸친 주제, 곧 말의 통제가 곧 신앙의 성숙도를 드러낸다(1:26; 3:1~12)는 메시지와 연결된다.

4) 신학적 · 교회적 적용

언어는 신자의 신앙 성숙도를 가늠하는 영적 척도다. 단순한 '참과 거짓'의 문제가 아니라, 우리가 사용하는 말 자체가 하나님 앞에서 얼마나 정직하고 일관성 있는지를 보여주는 거울이다.

맹세를 피하라는 명령은 공동체 내의 신뢰 기반을 구축하라는 뜻이다. 신자 간의 말이 조건 없이 신뢰받을 수 있는 공동체, 거짓과 은폐 없이 대화가 이루어지는 공동체는 곧 복음이 살아 있는 공동체다.

교회 내에서 흔히 사용되는 "하나님 앞에서 맹세합니다"라는 표현 역시 신중해야 한다. 언어는 믿음의 실천이자, 복음의 표현 방식이기 때문이다.

5) 묵상과 실천 가이드

나는 내 말을 통해 신뢰를 얻고 있는가? 내 말이 신앙인의 품격과 인격을 반영하고 있는가?

일상 속에서 내 언어가 지나치게 과장되거나 부풀려진 것은 없는가?

'예는 예, 아니오는 아니오'라는 단순한 언어가 나의 삶과 공동체에 얼마나 깊은 자유와 화평을 가져올 수 있을까?

3. 야고보서 5:13~18 기도와 신앙 공동체의 회복

본문(개역 개정)

13절 : 너희 중에 고난 당하는 자가 있느냐? 그는 기도할 것이요. 즐거워하는 자가 있느냐? 그는 찬송할지니라.

14절 : 너희 중에 병든 자가 있느냐? 그는 교회의 장로들을 청할 것이요, 그들은 주의 이름으로 기름을 바르며 그를 위하여 기도할지니라.

15절 : 믿음의 기도는 병든 자를 구원하리니 주께서 그를 일으키시리라. 혹시 죄를 범하였을지라도 사하심을 받으리라.

16절 : 그러므로 너희 죄를 서로 고백하며 병이 낫기를 위하여 서로 기도하라. 의인의 간구는 역사하는 힘이 큼이니라.

17절 : 엘리야는 우리와 성정이 같은 사람이로되 그가 비가 오지 않기를 간절히 기도한즉 삼 년 육 개월 동안 땅에 비가 오지 아니하고,

18절 : 다시 기도하니 하늘이 비를 주고 땅이 열매를 맺었느니라.

약 5:13~18 전체 흐름 요약

이 단락은 야고보서의 결론부에서 '기도의 능력'을 강조하는 핵심 권면이다. 야고보는 먼저(13절) 신자의 삶의 모든 국면(고난과 즐거움)이 하나님께 대한 직접적인 반응(기도와 찬송)으로 연결되어야 함을 밝힌다. 이는 신앙이 단지 특정 상황에만 적용되는 것이 아니라, 삶 전 영역에서 하나님 중심으로 살아가는 태도임을 드러낸다.

이어지는 14~15절은 질병과 연약함의 상황에서 공동체적 기도, 특히 장로들의 중보와 안수, 기름 바름의 사역을 설명한다. 이는 단순

한 의식 행위가 아니라 하나님의 권능과 공동체의 사랑이 함께 작용하는 영적 · 육체적 회복의 표징이다. 16절은 이를 확장하여, 서로 죄를 고백하고 중보하는 공동체의 상호 기도 사역이 큰 효력을 발휘한다고 권면한다.

마지막으로 17~18절에서는 구약의 엘리야를 예로 들어, 의인의 간구가 얼마나 강력한 결과를 가져오는지를 보여준다. 여기서 '의인'은 단순히 도덕적으로 완벽한 사람이 아니라, 하나님과의 관계 속에서 의롭게 서 있는 자를 의미한다.

이 흐름은 개인의 기도 생활 ▶ 공동체적 기도 사역 ▶ 역사 속의 믿음의 증인이라는 점진적 확장을 이루며, 신자의 기도가 개인과 공동체, 역사와 세대를 넘어 하나님의 구원 계획에 동참하게 한다는 메시지를 전한다.

1) 야고보서 5:13 환난과 기쁨 속의 기도와 찬송

(1) 본문

13절 : "너희 중에 고난 당하는 자가 있느냐? 그는 기도할 것이요, 즐거워하는 자가 있느냐? 그는 찬송할지니라."

(2) 본문의 구조

절	담화 기능	내용
13절	상황별 권면	고난 중인 자는 기도하라는 권면, 즐거운 자는 찬송하라는 권면

(3) 논증 흐름 설명

5:13은 5:7~12의 인내와 소망에 대한 권면과, 5:14~18의 기도와 치유에 관한 구체적 지침을 연결하는 전환절 역할을 한다.

야고보는 두 가지 극단적 상황(고난과 즐거움)을 제시하여, 신앙인의 삶 전체가 하나님과의 관계 안에서 해석되고 반응되어야 함을 강조한다.

여기서 '고난 당하는 자'는 단순히 병이나 재정 문제를 넘어, 신앙 때문에 겪는 박해와 삶의 압박까지 포함한다. 바울도 동일한 어휘를 목회서신(딤후 2:3; 4:5)에서 사용하여, 고난을 인내하며 복음 사역에 충실할 것을 권면한다.

반면 '즐거워하는 자'는 단순한 기분 좋은 상태보다 더 깊은 의미로, 하나님의 은혜를 경험하며 마음이 평안하고 용기를 얻은 상태를 가리킨다(행 27:22, 25 참조).

야고보는 이처럼 상반된 정서 상태 모두에서 하나님을 향한 반응(기도와 찬송)이 중심이 되어야 함을 강조하며, 신앙인의 일상 전반이 하나님과의 지속적인 교통으로 물들어야 함을 보여준다.

(4) 신학적 · 교회적 적용

야고보는 신앙을 단지 예배 시간이나 특정 상황에 국한하지 않고, 삶 전체를 하나님 앞에서 해석하고 반응하는 태도로 이해한다.

고난 속의 기도 : 구약과 유대 전통에서 기도는 고난 중 하나님의

개입과 구원을 요청하는 가장 중요한 신앙 행위였다(시 50:15, "환난 날에 나를 부르라 내가 너를 건지리니"). 초기 교회에서도 박해나 시련 가운데 기도가 공동체 결속과 믿음을 지키는 수단이 되었다(행 4:24-31).

즐거움 속의 찬송 : 찬송은 감사와 기쁨의 표출일 뿐 아니라, 하나님의 위대하심과 은혜를 선포하여 공동체를 세우는 행위였다. 유대 회당과 초기 기독교 모임에서 시편 찬송은 예배의 중심 요소였으며, 바울도 에베소서 5:19과 골로새서 3:16에서 시와 찬송과 신령한 노래로 하나님께 감사할 것을 권면했다.

오늘날 교회 역시 성도의 신앙생활이 '환난과 기쁨의 순간 모두에서 하나님께 반응하는 삶'이라는 야고보의 통찰을 회복해야 한다.

(5) 묵상과 실천 가이드

나는 어려움이 닥칠 때, 문제 해결에만 몰두하지 않고 하나님께 먼저 기도하는가?

형통과 기쁨의 순간에 하나님께 찬송과 감사를 드리는 습관이 있는가, 아니면 당연하게 여기는가?

고난과 즐거움 모두를 '하나님과의 관계를 더 깊이 하는 기회'로 받아들일 수 있는 영적 훈련이 필요하다.

매일 아침과 저녁, 삶의 상황에 따라 기도와 찬송의 시간을 따로 마련해 보자.

공동체적으로도, 기도 제목뿐 아니라 찬송과 감사 제목을 나누는 문화가 형성되어야 한다.

13절에서 야고보는 고난 속의 기도와 즐거움 속의 찬송을 통해 모든 상황에서 하나님께 반응하는 삶을 권면하였다. 이어지는 14절부터는 이러한 '기도의 삶'이 특히 질병과 연약함의 상황에서 공동체적으로 어떻게 구체화되는지를 설명한다. 이 전환은 개인의 신앙 행위에서 공동체적 기도 사역으로 초점을 확장시키며, 초대교회 안에서 영적 · 육체적 회복이 어떻게 하나님 나라의 표징으로 드러났는지를 보여준다.

2) 야고보서 5:14 — 병자를 위한 기도와 기름 부음

(1) 본문

14절 : 너희 중에 병든 자가 있느냐 그는 교회의 장로들을 청할 것이요 그들은 주의 이름으로 기름을 바르며 그를 위하여 기도할지니라.

(2) 본문의 구조

절	담화 기능	내용
14절	병자 돌봄에 대한 권고	병든 자는 장로들을 청하고, 장로들은 주의 이름으로 기름 바르며 기도할 것을 명령

(3) 논증 흐름 설명

이 구절은 공동체 내의 질병과 고난에 대한 신앙적 대응을 구체적으로 제시한다. 야고보는 병든 자가 개인적으로만 고통을 감당하는 것이 아니라, 공동체의 영적 지도자를 통해 하나님의 도우심을 구하도록 권면한다.

여기서 '교회의 장로들'은 오늘날처럼 단순히 평신도의 직분을 지칭하는 것이 아니라, 당시 개체 교회를 대표하는 목회자급 지도자를 의미한다. 초기 기독교에는 유대인 기독교 공동체에서 여러 명이 협의하며 교회를 인도하는 장로제를, 이방인 기독교 공동체에서는 한 명의 대표 감독이 중심이 되는 감독제(감독 - 집사제)를 선호하는 경향이 있었다. 따라서 '장로들'은 공동체의 신앙과 생활 전반을 지도하며, 말씀과 기도로 성도를 돌보는 사역을 맡은 자들이었다.

'기름을 바르며'라는 표현은 단순히 의학적 처치를 뜻하는 것이 아니다. 1세기 팔레스타인과 그리스 - 로마 문화권에서는 기름, 특히 올리브유가 상처 치료와 위생을 위한 의학적 용도로 널리 사용되었고, 동시에 종교적 · 상징적 의미를 지닌 행위였다. 유대 전통에서 기름 부음은 제사나 거룩하게 구별하는 의식에서 하나님의 임재와 축복을 상징했으며(출 28:41; 시 23:5), 헬라 문화에서도 건강과 활력을 기원하는 의미로 사용되었다.

야고보가 말한 '기름 바름'은 육체적 치유를 위한 실제적 도움과 영적 회복을 상징하는 의식을 함께 포함한다. 특히 '주의 이름으로'라는 표현은 기름 바름과 기도가 단순한 관습이나 주술적 행위가 아니라, 그리스도의 권위와 은혜를 의지하는 신앙 행위임을 분명히 한다. 이처럼 병든 자를 위한 장로들의 기도와 기름 부음은, 공동체가 환자를 신앙 안에서 돌보고 하나님께 치유를 간구하는 공적 신앙의 실천이다.

(4) 신학적 · 교회적 적용

이 구절은 교회의 치유 사역이 개인적 기도에만 국한되지 않고, 공동체적 참여 속에서 이루어져야 함을 보여준다. 오늘날에도 목회자 혹은 영적 지도자는 단순한 행정적 직분자가 아니라, 병든 자와 고난당한 자를 위해 믿음으로 기도하는 사역자여야 한다. '주의 이름으로'라는 구절은 모든 치유 행위가 사람의 능력이 아니라 그리스도의 권위와 성령의 역사에 근거해야 함을 상기시킨다.

(5) 묵상과 실천 가이드

내 주변에 질병과 고통으로 힘들어하는 이가 있다면, 그의 신앙과 상황에 맞게 함께 기도할 수 있는 방법을 찾고 있는가?

나는 교회 지도자를 '행정 책임자'로만 보고 있는가, 아니면 말씀과 기도의 영적 돌봄을 맡은 사역자로 존중하고 있는가?

'주의 이름'의 권위를 신뢰하며, 모든 중보 기도가 하나님의 주권과 은혜에 의지하는 행위임을 고백하는가?

3) 야고보서 5:15~16 믿음의 기도와 죄의 고백

(1) 본문

15절 : 믿음의 기도는 병든 자를 구원하리니 주께서 그를 일으키시리라 혹시 죄를 범하였을지라도 사하심을 받으리라.

16절 : 그러므로 너희 죄를 서로 고백하며 병 낫기를 위하여 서로 기도하라 의인의 간구는 역사하는 힘이 큼이니라.

(2) 본문의 구조

절	담화 기능	내용
15절	믿음의 기도의 약속	믿음의 기도를 통해 병든 자가 구원과 회복을 얻음
16절	공동체적 고백과 중보의 권면	죄를 서로 고백하고 서로 기도함으로 치유와 영적 회복을 추구

(3) 논증 흐름 설명

5:15~16은 14절에서 제시한 장로들의 기도와 기름 부음의 권면을 확장하여, 기도의 본질과 공동체의 역할을 더 깊이 설명한다.

먼저, '믿음의 기도'는 단순한 낙관적 희망이나 심리적 위안을 의미하지 않는다. 헬라어 문맥상 '피스티스'(πίστις[믿음])는 하나님의 약속과 성품에 대한 확신을 뜻하며, '주의 이름으로' 기도하는 것과 결합하여, 기도가 하나님의 주권과 뜻에 온전히 의탁하는 행위임을 나타낸다. 따라서 여기서 '구원'은 단순한 육체적 치료만이 아니라, 영적 회복과 관계 회복을 포함하는 포괄적 개념이다.

야고보는 병의 원인과 죄의 가능성을 연결한다('혹시 죄를 범하였을지라도'). 이는 모든 병이 죄 때문이라는 단순 인과론을 주장하는 것이 아니라, 죄가 영적 · 심리적 · 육체적 건강에 미치는 영향을 인정하며, 병든 자가 하나님과의 관계에서 회복되도록 이끈다. 예수의 치유 사역에서도 종종 "네 죄 사함을 받았느니라"(막 2:5)와 같은 영적 선언이 병의 치유와 함께 주어진 것을 떠올리게 한다.

16절은 이러한 치유와 회복이 공동체 차원에서 이루어져야 함을 강조한다. "서로 죄를 고백하라"는 권면은 공적 회개의 실천을 통해 은밀한 죄의 고립 효과를 깨뜨리고 서로의 짐을 나누는 공동체 문화를 형성한다. 당시 유대-기독교 공동체에서는 회당 예배나 소그룹 모임에서 서로의 잘못을 인정하고, 공동으로 회복을 기원하는 기도를 드리는 전통이 있었다.

마지막으로 "의인의 간구는 역사하는 힘이 크다"는 선언은 기도의 능력을 강조한다. 여기서 '의인'은 완벽한 도덕성을 지닌 자가 아니라, 하나님과의 관계 안에서 의롭다 함을 받은 자, 곧 언약 관계에 충실한 자를 가리킨다. '역사하는 힘'이라는 표현은 지속적으로 작동하여 실제 변화를 일으키는 능력을 뜻하며, 기도가 단지 말의 행위가 아니라 하나님의 뜻과 역사를 끌어들이는 실재적 수단임을 밝힌다.

(4) 신학적 · 교회적 적용

① 기도의 본질 : 믿음의 기도는 단순한 주문이나 심리적 안정제가 아니라, 하나님의 성품과 약속을 붙드는 신앙의 응답이다. 기도는 환자의 상태를 하나님의 주권 안에 맡기고, 육체와 영혼, 관계의 전인적 회복을 구하는 것이다.

② 죄와 치유의 관계 : 모든 병이 죄의 직접 결과는 아니지만, 죄가 인간의 내면과 공동체에 미치는 파괴적 영향은 분명하다. 회개와 용서의 과정은 종종 심리적 · 영적 회복을 촉진하고, 이는 신체적 건강에도 긍정적 영향을 준다.

③ 공동체적 책임 : 개인적 기도만큼 중요한 것은 공동체적 돌봄과 중보다. 서로의 죄를 고백하고 함께 기도하는 교회 문화는 영적 치유의 통로가 된다.

④ 의인의 기도 능력 : 기도의 능력은 기도하는 사람의 능력에서 나오는 것이 아니라, 의롭다 하시는 하나님과의 관계에 뿌리를 두며, 하나님의 뜻에 부합할 때 그 능력이 역사한다.

(5) 묵상과 실천 가이드

나는 병과 고난의 때에 기도를 '마지막 수단'으로만 사용하고 있는가, 아니면 하나님의 주권에 의탁하는 첫 번째 반응으로 삼고 있는가?

내 삶의 죄와 영적 문제를 숨기지 않고, 안전하게 고백하며 중보 기도를 받을 수 있는 영적 공동체가 있는가?

나는 다른 사람의 회복을 위해 '의인의 간구'를 지속적으로 드리는 사람인가? 내 기도의 내용과 태도는 하나님의 뜻과 성품에 합당한가?

오늘 내가 구체적으로 중보해야 할 사람은 누구인가? 그를 위해 어떤 방식으로 믿음의 기도를 드릴 수 있는가?

4) 야고보서 5:17~18 엘리야의 기도와 그 능력

(1) 본문

17절 : 엘리야는 우리와 성정이 같은 사람이로되 그가 비가 오지 않기를 간절히 기도한즉 삼 년 육 개월 동안 땅에 비가 오지 아니하고

18절 : 다시 기도하니 하늘이 비를 주고 땅이 열매를 맺었느니라.

(2) 본문의 구조

절	담화 기능	내용
17절	부정적 응답의 예시	엘리야가 기도하여 비가 오지 않음
18절	긍정적 응답의 예시	다시 기도하여 비가 옴과 땅의 회복

(3) 논증 흐름 설명

야고보는 앞 단락(5:16)에서 "의인의 간구는 역사하는 힘이 크다"는 선언을 실제 역사적 사례로 뒷받침하기 위해 엘리야를 언급한다. 엘리야는 구약의 대표적 선지자이자, 기도의 능력을 극적으로 보여준 인물이다(왕상 1718장).

먼저, 야고보는 '엘리야는 우리와 성정이 같은 사람'이라고 강조한다. 여기서 야고보는 엘리야도 인간적인 한계와 감정을 지닌, 우리와 동일한 본성을 지닌 자라는 점을 말하는 것이다. 즉, 엘리야의 기도 능력은 그의 초인적 능력 때문이 아니라, 하나님께 대한 믿음과 순종에서 비롯되었음을 명확히 한다.

17절의 사건은 열왕기상 17:1을 배경으로 한다. 당시 북이스라엘은 아합 왕과 이세벨의 통치 아래서 바알 숭배가 만연했고, 바알은 풍요와 비의 신으로 여겨졌다. 엘리야가 '비가 오지 않기를' 기도한 것은 단순히 날씨를 바꾸려는 것이 아니라, 바알 숭배를 무력화하고 여호와의 주권을 드러내는 영적 전쟁이었다.

18절은 열왕기상 18:41~45의 사건으로, 갈멜산에서의 대결 후에 엘리야가 다시 기도하자 하늘이 비를 내려 땅이 열매를 맺게 되었다. 이는 단순한 기상 변화가 아니라, 하나님과의 관계 회복이 물질적 회복으로 이어지는 언약적 복의 회복을 의미한다(신 28장 참조).

따라서 이 사례는 기도가 하나님의 뜻과 언약적 약속에 기초할 때, 자연 세계와 역사 속에서 실질적 변화를 일으킬 수 있다는 것을 강력하게 증명한다.

(4) 신학적 · 교회적 적용

① 기도와 하나님의 뜻 : 엘리야의 기도는 자의적 소원이 아니라, 하나님의 말씀과 뜻에 부합하는 기도였다. 진정한 능력은 하나님의 계획과 일치하는 간구에서 나온다.

② 기도자의 본성 : 위대한 선지자도 우리와 같은 연약함을 지닌 인간이었다. 따라서 기도의 능력은 특정한 '영웅적 인물'에게만 제한되지 않으며, 모든 신자가 믿음으로 하나님의 뜻에 기도할 때 동일한 역사를 경험할 수 있다.

③ 영적 전쟁의 도구 : 기도는 단순한 축복 요청이 아니라, 우상과 거짓 신념을 무너뜨리는 영적 무기이다.

④ 회복의 통로 : 하나님과의 관계가 회복되면, 영적 · 사회적 · 물질적 영역까지 하나님의 복이 흘러간다.

(5) 묵상과 실천 가이드

나는 기도를 내 뜻을 관철시키는 수단으로 사용하고 있는가, 아니면 하나님의 뜻을 분별하고 순종하는 과정으로 삼고 있는가?

내 삶의 어떤 영역에서 '영적 가뭄'이 있는가? 그것을 해결하기 위해 나는 어떤 믿음의 기도를 드려야 하는가?

엘리야처럼 우상적 가치관이나 세속적 풍조에 맞서 기도하고 행동할 용기가 있는가?

오늘 내가 기도해야 할 하나님의 언약적 약속은 무엇인가? 그 약속에 근거해 구체적으로 어떻게 간구할 것인가?

4. 야고보서 5:19~20 방황하는 자의 회복

1) 본문(개역 개정)

19절 : 형제들아 너희 중에 미혹되어 진리를 떠난 자를 누가 돌아서게 하면

20절 : 너희가 알 것은 죄인을 미혹된 길에서 돌아서게 하는 자가 그의 영혼을 사망에서 구원하며 허다한 죄를 덮을 것임이라.

2) 본문의 구조

절	담화 기능	내용
19절	상황 제시와 조건 설명	공동체 내에서 진리를 떠난 자가 있을 때, 누군가가 그를 돌아서게 하는 경우
20절	행위의 결과와 보상 선언	그 행위가 죄인의 영혼을 사망에서 구원하며 허다한 죄를 덮음

3) 논증 흐름 설명

야고보는 서신의 마지막에서 단순한 축도나 인사말 없이, 행동을 촉구하는 실천적 권면으로 결론을 맺는다.

19절에서 '너희 중에 미혹되어 진리를 떠난 자'라는 표현은, 외부의 박해나 철학적 유혹이 아니라 내부의 신앙적 타락을 지칭한다. 여기서 '미혹되다'는 '길을 잃다, 방황하다'라는 뜻으로, 교리적, 도덕적 타락 모두를 포함한다. '진리를 떠난다'는 표현은 단순한 인식의 오류를

넘어 삶의 방향 전체가 복음에서 이탈하는 것을 의미한다.

'누가 돌아서게 하면'이라는 표현에서 '돌아서게 하다'(ἐπιστρέφω)는 회개(메타노이아)와 유사한 개념으로, 방향 전환과 관계 회복을 포함한다. 이 동사는 사도행전에서 복음 선포를 통한 회심을 묘사할 때 자주 사용된다(행 3:19; 26:18). 따라서 이 표현은 단순한 권면을 넘어 적극적으로 회심을 돕고 믿음의 자리로 인도하는 행동을 뜻한다.

20절은 이 사역의 결과를 선언한다. '영혼을 사망에서 구원한다'는 표현은 단지 영혼만이 구원받는다는 뜻이 아니라, 야고보서 1:21에서와 마찬가지로 구약-유대적 종말론의 맥락에서 전인적 구원을 의미한다(더 자세한 것은 1:21 주해 참조). '사망'은 궁극적인 하나님의 심판과 분리를 가리키며, 회심을 통해 그 심판에서 구원받게 됨을 뜻한다.

또한 '허다한 죄를 덮는다'는 말은 시편 32:1, 잠언 10:12, 베드로전서 4:8과 연결되며, 죄가 사라지거나 묻혀서 없어지는 것이 아니라 하나님의 용서와 화해의 관계 안에서 더 이상 정죄되지 않음을 의미한다. 이처럼 19~20절은 야고보서 전체가 강조한 '행함 있는 믿음'의 한 절정으로, 말씀과 행함이 공동체 회복 사역 속에서 완성되는 모습을 보여준다.

4) 신학적 · 교회적 적용

① 공동체적 책임 : 신앙은 철저히 공동체적 성격을 갖는다. 형제가 진리를 떠날 때 무관심하거나 방관하는 것은 사랑의 결핍이다. 교

회는 이런 상황에 적극적으로 개입해 회복을 돕는 사역을 해야 한다.

② 구원의 도구로서의 성도 : 하나님께서 성도를 사용하여 다른 이들을 구원의 길로 인도하신다는 점은, 사역의 무게와 영광을 동시에 드러낸다. 우리는 복음의 도구이며, 이 사역은 영원한 가치가 있다.

③ 전인 구원의 시각 : '영혼을 사망에서 구원'하는 것은 영적 · 육체적 · 관계적 모든 영역을 포함하는 전인적 회복을 뜻한다. 오늘날 교회는 이 총체적 회복을 목표로 한 돌봄 사역을 수행해야 한다.

④ 용서의 덮음 : '허다한 죄를 덮는다'는 것은 죄의 은폐가 아니라 은혜에 의한 용서다. 공동체는 회개한 자를 다시 품고, 과거의 잘못이 더 이상 그의 정체성을 규정하지 않도록 해야 한다.

5) 묵상과 실천 가이드

묵상 질문

나는 공동체에서 신앙이 흔들리거나 진리를 떠난 사람을 본 적이 있는가? 그때 어떻게 반응했는가?

누군가를 '돌아서게 하는 일'이 왜 어려운가? 그 어려움을 극복할 방법은 무엇인가?

'허다한 죄를 덮는다'는 표현이 나의 신앙과 공동체 관계에서 어떤 의미를 갖는가?

실천 포인트

주변에서 믿음이 약해지거나 교회를 떠난 사람의 이름을 적고, 구체적으로 기도하며 연락하기.

말씀과 사랑으로 권면할 수 있는 지혜와 용기를 구하며, 실제 만남이나 대화를 시도하기.

회개한 자를 다시 품을 때, 과거의 잘못을 반복적으로 상기시키지 않기로 결단하기.

최종 마무리

야고보서 5:19~20은 서신 전체를 관통해 온 핵심 메시지를 마지막으로 압축한다. 시련 속에서 인내하며(1:24), 말씀을 듣는 자가 아니라 행하는 자로 살고(1:22), 믿음과 행함이 일치된 삶을 실천하며(2장), 혀를 제어하고 위로부터 난 지혜로 공동체를 세우며(3장), 세상과 벗하지 않고 하나님께 복종하는 겸손한 삶을 살고(4장), 고난 속에서도 인내하며 서로를 위해 기도하는 공동체를 형성하는 것(5:7~18)이 곧 '행함 있는 믿음'의 길이었다.

이 모든 가르침의 종착점에서, 야고보는 방황하는 자의 회복이라는 공동체적 사명을 강조한다. 신앙의 완성은 개인의 성숙으로 끝나지 않고, 연약한 형제를 돌아보며 진리로 이끄는 사랑의 실천 속에서 완성된다. 그 사역은 한 영혼을 사망에서 건지고, 허다한 죄를 덮는 하나님의 구속 사역에 동참하는 길이다.

따라서 야고보서는 교회가 단순히 올바른 교리를 지키는 곳이 아니라, 상처 입은 영혼이 회복되는 사랑의 공동체가 되어야 함을 역설한다. 신앙인의 길은 '믿음의 고백'에서 출발하여 '사랑의 회복 사역'으로 귀결되며, 이것이 바로 "믿음이 행함과 함께 일하는"(2:22) 하나님의 나라의 삶이다.

야고보서 전체 결론

야고보서는 신약성경 안에서 독특한 위치를 차지한다. 사도 바울이 믿음의 교리적 토대를 강조했다면, 야고보는 그 믿음이 실제 삶 속에서 어떻게 구현되어야 하는지를 치밀하게 보여준다. 그는 '행함 있는 믿음'(2:17)이라는 주제를 처음부터 끝까지 일관되게 관통시키며, 신앙이 단순한 사상이나 감정이 아니라 구체적인 실천으로 드러나야 함을 역설한다.

1장에서 야고보는 시련과 인내를 통해 믿음이 성숙해진다고 말하며(1:2~4), 지혜를 구하고(1:5~8), 말씀을 행하는 자가 되라고 권면한다(1:22). 2장에서는 차별 없는 공동체를 이루고(2:1~13), 행함으로 완성되는 믿음을 제시한다(2:14~26). 3장에서는 혀를 제어하고 위로부터 난 지혜로 화평을 이루는 삶을, 4장에서는 세상과 벗하지 않고 하나님께 복종하는 겸손한 삶을, 5장에서는 고난 속 인내와 기도의 능력을 강조한다.

야고보서의 신학은 교리와 실천을 결코 분리하지 않는다. 참된 믿음은 반드시 행함으로 드러나며, 그 행함은 율법주의적 의무가 아니라 사랑과 자비에서 비롯된 자유로운 순종이다. 야고보의 가르침은 오늘날 개인주의적 신앙과 분리주의적 경건을 경계하며, 공동체적 책임과 나눔, 그리고 연약한 지체를 돌아보는 사랑을 신앙의 본질로 회복시킨다.

제2부 말씀의 지평을 넓히다
– 야고보서를 성경과 함께 읽기

제2부 말씀의 지평을 넓히다 : 야고보서를 성경과 함께 읽기

A. 야고보서와 예수님의 산상수훈

1장 산상수훈과 야고보서의 유기적 연관성 – '행함'의 복음

1. 실천 없는 신앙을 해체하다

야고보서는 신앙을 '삶의 총체적 실천'으로 규정하며, 행함 없는 믿음은 죽은 것이라 단언한다. 이는 산상수훈에서 예수님께서 말씀하신 "나더러 주여 주여 하는 자마다 천국에 들어갈 것이 아니요, 다만 하늘에 계신 내 아버지의 뜻대로 행하는 자라야 들어가리라"(마 7:21)와 정확히 호응한다.

이 두 본문이 전하는 핵심 메시지는 이렇다.

단순한 입술의 고백이나 교리적 수용만으로는 구원의 길을 걸을 수 없다. 하나님 나라의 삶은 반드시 '구체적 삶의 열매'로 드러나야 한다. 구원은 행함으로 얻어지는 것이 아니지만, 참된 구원은 결코 행함 없이 머물지 않는다.

야고보서와 산상수훈은 '값싼 은혜'를 정면으로 거부한다. 독일 신학자 디트리히 본회퍼가 값싼 은혜는 제자도를 파괴하고 참된 은혜는 우리를 좁은 길로 이끈다고 말했듯이.

2. 윤리적 긴장과 한국 교회의 현실

한국 교회는 루터가 제시한 '오직 믿음'을 절대화하면서, 실제적 삶의 실천을 부차적인 것으로 밀어두었다.

그러나 산상수훈과 야고보서가 전하는 복음은 단순히 '믿기만 하면 구원받는다'는 싸구려 복음이 아니다. 믿음은 반드시 다음을 요구한다.

① 가난한 자를 돌아보는 실천

② 혀를 절제하는 윤리

③ 세속적 욕망을 끊어내는 결단

④ 인내와 공동체적 기도에 충실한 삶

야고보서와 산상수훈은 모두, 복음이 '삶의 총체적 변혁'임을 강조한다. 이는 한국 교회가 반드시 새롭게 회복해야 할 영적 과제다.

2장 팔복, 좁은 길, 골방의 기도 vs. 야고보서의 실천적 믿음

1. 팔복과 야고보서 : 성품과 실천의 일치

팔복 (마 5장)	야고보서
심령이 가난한 자	가난한 자를 영광의 상속자로 삼으신 하나님(약 2:5)
온유한 자	위에서 오는 지혜는 온유하다(약 3:17)
의에 주리고 목마른 자	믿음과 행함은 하나다(약 2:14~26)
긍휼히 여기는 자	긍휼 없는 자는 심판을 받는다(약 2:13)
마음이 청결한 자	세속적 욕망을 버리고 하나님께 가까이 하라(약 4:8)
화평하게 하는 자	평화를 심는 자는 의의 열매를 거둔다(약 3:18)

팔복은 '성품의 복'으로 출발하지만, 야고보서는 이 성품이 실제적 실천으로 드러나야 함을 강조한다. 성품과 실천이 분리될 수 없다는 진리는 오늘날 한국 교회에도 똑같이 적용된다.

묵상 질문

나는 팔복의 성품이 실제 내 삶에서 어떻게 나타나고 있는가?

내 믿음은 사랑의 행동으로, 말의 절제로, 타자를 향한 긍휼로 구체화되고 있는가?

2. 좁은 길과 야고보서 : 거룩한 고난의 삶

예수님은 "좁은 문으로 들어가라"고 말씀하셨다. 야고보서 역시 편안한 믿음을 해체하고, 좁고 고된 실천의 길을 제시한다.

좁은 길은 세속적 성공과 충돌한다(약 5:1~6). 자기 욕망과 끊임없이 싸워야 한다(약 4:1~4). 고난을 인내로 견디는 법을 배워야 한다(약 5:7~11).

좁은 길은 '실천하는 믿음'이 유일하게 걸어가는 길이다.

묵상 질문

나는 현재 어떤 '좁은 길'을 걸어가고 있는가?

세속적 가치와의 타협을 내려놓고, 좁은 길을 선택한 구체적 결단이 있는가?

3. 골방의 기도와 야고보서 : 기도의 실제

예수님은 골방에서 은밀히 기도하라고 하셨다. 야고보서는 "병든 자를 위해 기도하라", "죄를 고백하고 서로를 위해 기도하라"고 구체적으로 명령한다. 기도는 개인적 차원을 넘어 공동체적 책임으로 확장된다.

기도의 공통점

산상수훈 : 형식적 기도를 버리고, 진정성 있게 기도하라.

야고보서 : 고난당한 자는 기도하라, 병든 자를 위해 기도하라, 의인의 간구는 역사하는 힘이 크다.

묵상 질문

내 기도는 은밀하고 진실한가, 아니면 타인에게 보이기 위한가?

내 기도는 타인을 위해 얼마나 구체적으로 시간과 마음을 쏟고 있는가?

3장 삶의 훈련으로서의 제자도

야고보서와 산상수훈은 둘 다 '삶으로 증명되는 제자도'를 강조한다.

내용	산상수훈	야고보서
제자도의 핵심	듣고 행하는 자(마 7:24)	듣고 행하는 자(약 1:22)
가짜 신앙의 경고	'주여 주여' 하는 자의 자기기만(마 7:21)	'믿기만 하면 된다'는 자기기만 (약 2:17)
구원의 길	좁은 문, 좁은 길(마 7:13)	세속을 거절하는 실천적 좁은 길(약 4:4, 5:7)

제자도의 핵심 : 실천

진정한 제자는 좁은 길을 걷는다.

말씀을 '행한다'.

기도와 인내로 공동체를 세운다.

야고보서와 산상수훈은 '말하는 신앙'이 아니라 '살아내는 신앙'을 요청한다.

요약 정리 : 야고보서와 산상수훈의 결합

주제	산상수훈	야고보서
구원의 길	좁은 문, 좁은 길	세상과 벗하지 말라
믿음과 실천	듣고 행하라	믿음과 행함은 하나
혀의 훈련	맹세하지 말라	혀를 길들여라
기도의 영성	은밀한 기도	고난 중 기도, 병든 자를 위한 기도
팔복	성품의 복	실천의 복
제자도의 목표	삶으로 증명되는 순종	삶으로 열매 맺는 믿음

B. 야고보서와 구약의 지혜문학

1장 구약 지혜문학과 야고보서의 통로 – 실천하는 지혜의 부활

1. 야고보서의 유대적 뿌리 : 행함의 지혜

야고보서는 신약이지만, 신약의 가장 구약적인 책이다. '지혜'와 '삶'을 하나로 보는 구약의 지혜문학 전통을 가장 철저하게 계승한 책이 바로 야고보서다. 특히 잠언의 핵심은 '지혜는 곧 행동'이라는 것이다.

잠 2:6 : "여호와는 지혜를 주시며, 지식과 명철도 그 입에서 나오는도다."

약 1:5 : "너희 중에 누구든지 지혜가 부족하거든, 후히 주시고 꾸짖지 아니하시는 하나님께 구하라."

야고보서는 구약처럼 '지혜'를 단순한 사고 능력이 아니라, '올바르게 살아가는 능력'으로 이해한다.

2. 문학적 관점 : 일상의 구원을 말하다

야고보서와 구약의 지혜문학은 '살아 있는 날 동안 바르게 살아야 한다'는 강력한 윤리적 외침을 공통적으로 내고 있다.

욥 2:10 : "우리가 하나님께 복을 받았은즉 재앙도 받지 아니하겠느냐."(욥 2:10)

약 1:2 : "너희가 여러 가지 시험을 당하거든 온전히 기쁘게 여기라."

야고보서와 욥기는 시련을 단순히 견디는 것을 넘어, 시련 속에서 지혜를 얻고 더 성숙해지는 길을 가르친다.

묵상 질문

나는 시련 속에서 무엇을 배웠는가?

나의 일상은 지혜로운가, 습관적인가?

2장 야고보서와 잠언 : 말, 부, 관계의 지혜

1. 혀의 지혜 : 야고보서 3장 vs. 잠언 18장

잠언 18:21은 말한다. "죽고 사는 것이 혀의 권세에 달렸나니 ......"

야고보서는 말의 파괴력을 가장 집요하게 분석하는 신약 성경이다.

약 3:5 : "혀도 작은 지체로되 큰 것을 자랑하도다......"

여기서 '혀'는 단순한 언어의 문제가 아니라, 삶의 방향을 결정짓는 핵심적 요소다. 우리의 말은 존재의 형태를 빚어내며, 공동체를 세우기도 하고 무너뜨리기도 한다.

묵상 질문

나는 일상에서 어떤 말을 주로 사용하는가?

내 언어는 치유하는가, 파괴하는가?

2. 부에 대한 지혜 : 야고보서 5장 vs. 잠언 23장

잠언 23:4~5은 "부를 애써 얻으려 하지 말라"고 경고한다.

야고보서 5:1~6도 부자들을 강력히 비판한다. "너희 재물은 썩었고 너희 의복은 좀먹었으며 ......"

야고보서는 구약 지혜문학의 전통을 계승하여 부의 무상함, 부의 폭력성을 날카롭게 드러낸다.

야고보서는 물질적 풍요를 삶의 목표로 삼는 현대인에게 깊은 성찰을 촉구한다.

묵상 질문

내 삶의 우선순위는 무엇인가?

나는 얼마나 나눔의 삶을 살고 있는가?

3. 관계의 지혜 : 야고보서 vs. 잠언의 우정

잠언 17:17은 "친구는 사랑이 끊어지지 아니하고 ……"라고 말하며, 참된 친구의 존재를 강조한다.

야고보서도 "비방하지 말라"(약 4:11), "서로 고백하라"(약 5:16)며 공동체적 관계의 회복을 강조한다.

야고보서가 강조하는 관계의 회복은 우정과 타자에 대한 책임을 오늘의 교회에 묻고 있다.

묵상 질문

나는 관계를 소중히 가꾸고 있는가?

내 말과 행동은 공동체를 살리는가, 해치는가?

3장 야고보서와 전도서 : 인생의 덧없음과 참된 가치

1. 내일을 자랑하지 말라 : 야고보서 4:13~17 vs. 전도서

전 1:2 : "헛되고 헛되며, 모든 것이 헛되다."

약 4:14 : "너희는 내일 일을 알지 못하는도다. 너희 생명이 무엇이냐?"

둘 다 인생의 유한함과 무상함을 절절하게 선포한다.

그러나 야고보서는 여기서 머물지 않는다.

"그러므로 사람이 선을 행할 줄 알고도 행하지 아니하면 죄니라." (약 4:17)

전도서: 인생의 덧없음을 성찰 → 삶의 지혜를 찾음

야고보서: 인생의 덧없음을 실천 → 선을 행할 기회를 붙잡음

묵상 질문

나는 '지금' 선을 행하고 있는가?

내일로 미루는 선한 일은 없는가?

2. 욥기의 인내: 고난의 신학

약 5:11 : "너희가 욥의 인내를 들었고 주께서 주신 결말을 보았거니와 ......"

야고보서는 욥기의 결론을 신약에서 가장 명시적으로 언급한 책이다. 욥은 고난 속에서도 하나님을 포기하지 않았고, 야고보서는 이

'인내'를 신앙의 모범으로 삼는다. 야고보서는 바로 이 고난의 시간을 통해 신앙이 온전해진다고 가르친다.

묵상 질문

고난이 내 삶을 어떻게 변화시켰는가?

나는 여전히 하나님께 신뢰를 두고 있는가?

C. 야고보서와 바울 - 믿음과 행함의 참된 조화

1. 서론 : 왜 야고보와 바울을 비교해야 하는가?

바울과 야고보는 모두 초대교회의 핵심 지도자이자 신약 성경의 중요한 저자들이다. 바울은 로마서와 갈라디아서에서 "사람이 의롭다 하심을 얻는 것은 율법의 행위에 있지 않고 믿음에 있다"(롬 3:28)고 강하게 선언하였다. 반면 야고보는 '행함이 없는 믿음은 죽은 것'(약 2:26)이라고 단언한다. 이 두 구절은 표면적으로 서로 모순되는 듯 보이며, 교회 역사 속에서 많은 논쟁을 불러일으켜 왔다.

루터는 초기 번역 작업에서 야고보서를 '지푸라기 서신'이라 부르며 정경에서의 위치를 낮게 평가했다. 그 이유는 루터가 종교개혁의 토대였던 '오직 믿음'의 교리를 위협하는 문서로 보았기 때문이다. 그러나 오늘날의 성경 연구는 바울과 야고보가 같은 복음의 진리를 다른 각도에서 조명하고 있음을 밝혀낸다.

따라서 이 비교 진술은 단순한 학문적 호기심이 아니라, 신앙과 행위의 관계에 대한 성경 전체의 조화를 이해하고, 현대 교회에서의 잘못된 '값싼 은혜'나 '율법주의' 모두를 경계하는 데 필수적이다.

2. 야고보서 – 바울 논쟁의 역사와 해석 : 간략 개관

1) 루터 시대와 종교개혁 초기

루터는 1522년 신약 독일어 번역본 서문에서 야고보서를 '참된 사도적 서신이 아니다'라고 평하며, 복음의 본질을 바울에게서 찾았다. 그는 야고보가 제시한 '행함'의 강조가 당시 로마가톨릭의 '공로주의'와 연결될 위험을 경계했다. 이로 인해 루터파와 개혁파는 야고보서의 권위를 상대적으로 낮게 평가하는 경향을 보였다.

2) 근대 비평학과 대립 모델

19세기 튀빙겐 학파의 F. C. 바우어(Baur)는 바울과 야고보를 유대–기독교와 헬라–기독교의 대표자로 보며, 두 흐름의 대립을 강조했다. 그의 견해는 신약 문서들을 '갈등과 화해의 역사' 속에서 이해하는 틀을 제공했지만, 지나친 단순화라는 비판을 받았다.

3) 20세기 이후의 조화 시도

제임스 던(Dunn), E. P. 샌더스(Sanders), N. T. 라이트(Wright) 등 '새 관점 학파' 학자들은 바울의 '율법의 행위'를 단순한 도덕적 행위가 아니라 '유대인으로서의 경계 표지'로 해석했다. 이에 따르면 바울과 야고보의 차이는 실제 구원론의 본질적 대립이 아니라, 서로 다른 청중과 상황에 따른 강조점 차이로 이해된다.

3. 신학적 비교 – 유사점과 차이점

1) 유사점

(1) 구원의 기초가 하나님의 은혜

바울 : '그리스도 예수 안에 있는 속량으로 말미암아 하나님의 은혜로 값없이 의롭다 하심을 얻은 자'(롬 3:24)

야고보 : "온갖 좋은 은사와 온전한 선물이 다 위로부터 빛들의 아버지께로부터 내려오나니"(약 1:17~18)

(2) 믿음이 반드시 삶의 변화와 행위로 나타나야 함

바울 : '사랑으로 역사하는 믿음'(갈 5:6)

야고보 : '행함이 없는 믿음은 그 자체가 죽은 것'(약 2:17)

(3) 율법의 완성은 사랑

바울 : '사랑은 율법의 완성'(롬 13:10)

야고보 : '네 이웃 사랑하기를 네 자신과 같이 하라 하신 최고의 율법'(약 2:8)

2) 차이점

(1) 문제 설정의 차이

바울 : 유대 율법주의와 이방인 구원 문제에 집중

야고보 : 구원을 자칭하면서 실제 삶에서 불순종하는 '행위 없는 믿음'을 비판

(2) 언어적 표현의 차이

바울 : '믿음에 의한 칭의'라는 법정적 · 구원론적 언어 사용

야고보 : '행위에 의한 칭의'라는 실천적 · 검증적 언어 사용

(3) '믿음'의 정의

바울 : 예수 그리스도에 대한 전인적 신뢰와 충성

야고보 : 단순 인지적 동의까지 포함하며, 그 중 행위 없는 믿음을 배격

(4) '의롭다 하다'(δικαιόω)의 용례

바울 : 하나님 앞에서의 법적 칭의 선언

야고보 : 참된 의로움이 행위로 증명되는 상태

4. 바울과 야고보의 차이와 조화

바울과 야고보는 구원과 믿음, 행위에 대해 서로 다른 강조점을 가지고 있지만, 그 핵심 메시지는 상호 배타적이지 않다. 오히려 그들은 구원의 서로 다른 시간대와 층위를 설명하면서, 하나의 복음 진리를 더욱 풍성하게 드러낸다.

구분	바울	야고보
초점	의롭다 함의 시작, 믿음의 근거	의롭다 함의 검증, 믿음의 실재
의미	믿음은 율법의 행위가 아닌, 그리스도를 통한 선물	행위는 믿음이 살아 있다는 구체적 증거
적용	행위는 구원의 원인이 될 수 없음	믿음은 행위가 없다면 무의미함

바울은 주로 로마서와 갈라디아서에서 인간의 행위가 아닌, 오직 믿음으로 말미암아 의롭다 하심을 강조한다. 특히 회심 이전의 인간 상태를 설명하며, 오직 은혜에 근거한 구원의 시작을 변증한다. 물론 바울 역시 갈라디아서 5:5와 같이 '의의 소망'을 언급하며 구원의 완성을 바라보지만, 그의 핵심 논지는 믿음을 통한 '처음 칭의'에 있다.

반면 야고보는 구원의 삶이 시작된 이후, 즉 믿음을 고백한 자가 실제 삶에서 그 믿음을 어떻게 실현하고 살아내는지를 다룬다. 따라서 그의 강조점은 회심 이후의 삶, 즉 '믿음의 실재성과 성숙', 나아가 종말론적 칭의에 맞추어져 있다.

이처럼 바울과 야고보는 동일한 구원의 여정 안에서 서로 다른 국면에 초점을 맞추며, 믿음과 행위의 관계를 상호보완적으로 설명하고 있는 것이다.

5. 오늘날의 적용

1) 값싼 은혜 경계 : '믿음만 고백하면 된다'는 오해를 깨뜨려야 한다.

2) 율법주의 경계 : 행위를 구원의 조건으로 삼는 왜곡된 가르침을 피해야 한다.

3) 통합적 설교와 교육 : 바울과 야고보를 함께 가르쳐, 믿음과 행함이 조화되는 성경적 신앙을 회복해야 한다.

4) 공동체 실천 : 구원받은 믿음이 실제 섬김과 사랑, 정의의 실천으로 이어지게 해야 한다.

보론 3 : 바울과 야고보의 핵심 헬라어 용어 비교

헬라어	의미	바울의 용례와 의미	야고보의 용례와 의미	대표 구절
πίστις	믿음, 신뢰	예수 그리스도에 대한 전인적 신뢰와 충성	인지적 동의까지 포함, 행위 없는 믿음은 무가치	롬 3:28/약 2:17
ἔργον	행위, 일	율법 행위 또는 사랑의 실천	참된 믿음을 드러내는 실천적 행위	갈 2:16/약 2:22
δικαιόω	의롭다 하다	하나님 앞에서의 법적 칭의 선언	행위로 증명되는 참된 의로움	롬 5:1/약 2:24
νόμος	율법	모세 율법 전체, 그리스도 안에서 성취	'자유하게 하는 온전한 율법', 사랑의 규범	롬 8:2/약 1:25
ἀγάπη	사랑	성령의 열매이자 율법 완성	최고의 율법, 이웃 사랑의 실천	갈 5:22/약 2:8

6. 결론 : 하나의 복음, 두 개의 시선

바울과 야고보는 서로 다른 상황과 청중 속에서 복음의 진리를 선포했지만, 그들의 가르침은 본질적으로 하나의 복음에 뿌리내리고 있다. 바울은 믿음의 뿌리를 깊게 내리게 했고, 야고보는 그 뿌리에서 반드시 열매가 맺히도록 촉구했다.

믿음과 행위는 마치 두 날개처럼 함께 작동할 때 비로소 신앙의 비상이 가능하다. 이 조화를 회복하는 것은 단지 교리적 균형의 문제가 아니라, 오늘날 교회의 생명력과 직결된 과제다.

다음 장에서 살펴볼 야고보서의 현대적 적용은 바로 이 조화를 구체적인 삶의 현장에서 어떻게 구현할 수 있는지, 그리고 한국 교회가 이를 통해 어떻게 신앙의 진정성을 회복할 수 있는지를 탐구하게 될 것이다.

D. 야고보서의 현대적 적용
– 행하는 믿음으로 세상을 변혁하다

1. 서론 : 왜 오늘 우리에게 야고보서가 필요한가?

야고보서는 단순한 도덕 교과서가 아니다. 그것은 하나님 나라 백성으로 부름받은 자들의 삶의 실천 지침서다. 초대교회가 직면했던 위기(공동체 내의 분열, 빈부격차, 말로 인한 상처, 행위 없는 신앙)는 오늘날 한국 교회와 전 세계 교회가 직면한 문제와 놀랍도록 유사하다.

현대 사회의 신앙 위기는 단순한 교세 축소나 제도적 쇠퇴가 아니라, 신앙의 진정성 상실에 있다. 야고보서는 이 문제를 정면으로 다루며, '말씀을 듣고 행하는 자'로 부름받은 교회의 정체성을 회복하도록 촉구한다.

2. 현대 사회 속 야고보서의 5대 적용 영역

1) 공동체의 정의와 공평 – 약 2:1~13

본문 원리 : 사람을 외모나 사회적 지위로 판단하지 말고, 모든 이

웃을 동등하게 사랑하라.

현대 적용 : 교회 안팎에서 계층 · 학력 · 경제력 · 지역에 따른 차별을 철저히 거부해야 한다.

사례 : 소득과 신분을 초월한 '공유 식탁' 사역, 장애인 · 외국인 근로자 예배 공동체.

2) 행함 있는 믿음 – 약 2:14~26

본문 원리 : 참된 믿음은 반드시 구체적 행위로 증명된다.

현대 적용 : '믿습니다'라는 고백이 봉사 · 나눔 · 정의 실천으로 이어져야 한다.

사례 : 지역사회 재난 시 교회의 선제적 구호 활동, 환경 보호 캠페인.

3) 말의 거룩한 사용 – 약 3:1~12

본문 원리 : 혀는 공동체를 세우거나 무너뜨리는 강력한 힘을 가진다.

현대 적용 : 설교 · SNS · 대화 속에서 사랑과 진리로 말하는 훈련이 필요하다.

사례 : '말 긍휼 운동'(언어폭력 중단, 칭찬 일기 쓰기) 교회 프로그램.

4) 위로부터 난 지혜의 삶 – 약 3:13~18

본문 원리 : 참된 지혜는 온유함과 화평에서 나타난다.

현대 적용 : 직장 · 가정 · 정치 영역에서 지혜로운 중재자, 화해자로 살아야 한다.

사례 : 갈등 조정 세미나, 교회 내 '화평 사역팀' 운영.

5) 인내와 기도의 공동체 – 약 5:7~20

본문 원리 : 주님의 재림을 소망하며 인내하고, 모든 상황에서 기도하라.

현대 적용 : 단기 성과보다 장기적 신실함을, 자기 힘보다 기도의 능력을 의지하는 공동체 형성.

사례 : 24시간 기도 릴레이, 고난 중 성도 돌봄 네트워크.

3. 야고보서의 현대적 도전

야고보서가 오늘 우리에게 주는 메시지는 단순히 "더 선하게 살라"는 도덕주의가 아니다. 그것은 "구원받은 자답게 살라"는 복음의 요구다. 행위 없는 믿음을 버리고, 믿음과 행함이 조화를 이루는 '살아 있는 신앙'을 회복하는 것, 이것이 한국 교회와 세계 교회가 직면한 가장 시급한 과제다.

4. 결론 : 행함으로 완성되는 믿음

야고보서의 현대적 적용은 한마디로 '삶의 복음화'다. 신앙은 예배당 안에서만 머무르지 않고, 가정 · 직장 · 사회로 흘러가야 한다. 참된 경건은 고아와 과부를 돌보고, 세속에 물들지 않는 삶을 사는 것이다(약 1:27).

바울과 야고보의 조화 속에서, 우리는 복음을 단지 '듣는' 것이 아니라 '사는' 자리로 나아가야 한다. 그럴 때 교회는 세상 속에서 빛과 소금의 사명을 회복하게 될 것이다.

E. 야고보서를 통해 본 제2의 종교개혁

1. 제1의 종교개혁 : 루터의 한계와 유산

1) 루터의 개혁 : '오직 믿음'의 역사적 필연성

16세기 마틴 루터가 외친 '오직 믿음'(sola fide)은 당시 타락한 교회를 향한 시대적 선언이었다. 구원을 금전으로 사고파는 면죄부, 공로주의 신학, 성직자들의 부패 속에서 '은혜의 복음'을 회복하는 것이 절실했다. 루터의 개혁은 필수적이었고, 거부할 수 없는 하나님의 역사였다.

하지만 루터의 신학은 '부정의 논리'에 머물렀다. "행위로 구원받을 수 없다"는 부정은 절대적이었지만, "그렇다면 믿음은 무엇을 낳아야 하는가?"에 대한 충분한 신학적 작업은 부족했다.

2) 한국 교회의 문제 : 루터의 유산을 오해하다

한국 교회는 20세기 복음주의를 통해 '오직 믿음'을 수입했지만, '싸움의 구호'를 '신학의 완성'처럼 받아들였다. 그 결과, 행함 없는 믿음, 삶과 신앙의 분리, 값싼 구원론이 교회를 잠식하게 되었다. 지금 한국 교회는 루터가 싸웠던 공로주의의 타락 대신, 반대편 극단인 실천 결여의 타락에 빠졌다.

이것이 오늘 우리 시대에 필요한 제2의 종교개혁의 출발점이다.

2. 야고보서의 외침 : 제2의 종교개혁의 깃발

1) 믿음이 '살아야' 한다

야고보서의 핵심은 명확하다.

"행함이 없는 믿음은 그 자체가 죽은 것이라."(약 2:17)

야고보서는 종교개혁의 구호에 새로운 질문을 던진다.

"오직 믿음이라면, 그 믿음은 살아 있는가?"

이 질문은 한국 교회가 직면한 21세기의 본질적 개혁 요청이다.

"어떻게 믿을 것인가"에서 "어떻게 살아야 하는가"로 나아가야 한다.

2) 야고보적 종교개혁의 3대 원리

① 살아 있는 믿음의 회복 : 복음은 선언이 아니라, 살아 있는 생명이어야 한다.

② 공동체적 책임의 부활 : '나의 구원'이 아니라 '우리의 구원'이 되어야 한다. 야고보서는 고아와 과부를 돌아보라고 말한다. 즉, 구원은 철저히 공동체적 열매를 맺어야 한다.

③ 삶의 윤리적 통합 : 야고보서의 종교개혁은 '예배'와 '삶'을 통합하는 것이다. 신앙은 교회 안에서만 머무는 것이 아니라, '사는 대로 믿는 것'이어야 한다.

3. 제2의 종교개혁이 요청하는 교회 갱신의 길

1) 개혁의 대상 : 가르침, 공동체, 삶의 태도

개혁 분야	현재의 문제	개혁의 방향
가르침	값싼 구원론, 실천 경시	믿음–행함 통합
공동체	이기적 신앙, 성장 지상주의	고아, 과부, 이웃 중심
삶의 태도	교회 안과 밖의 이중성	일상 속 신앙의 일치

2) 제2의 종교개혁의 표어(야고보적 4대 원리)

① 오직 살아 있는 믿음

② 오직 사랑

③ 오직 실천

④ 오직 공동체

이것이 16세기 종교개혁의 '오직' 시리즈를 넘어서는 21세기 한국 교회를 위한 새로운 신학적 구호가 될 수 있다.

4. 결론 : 지금, 제2의 종교개혁을 시작하라

루터가 16세기에 던진 질문 : 어떻게 구원받는가?

야고보가 1세기에 던진 질문 : 어떻게 살아야 하는가?

이제 한국 교회는 제2의 종교개혁을 시작해야 한다.

야고보서가 주는 개혁의 메시지는 다음과 같다.

믿음을 회복하라.

삶을 회복하라.

공동체를 회복하라.

세상을 회복하라.

야고보서는 단지 신학의 부록이 아니다.

야고보서는 한국 교회의 마지막 기회일지도 모른다.

제3부 말씀을 살아내다
– 야고보서의 영성

1장 신성한 성품에 이르는 믿음의 훈련 – 베드로후서와 야고보서의 통합적 영성

1. 영성이란 무엇인가?

한국 개신교 안에서는 '영성'(spirituality)이라는 개념을 사용하는 데 주저하는 이들이 종종 있다. 그 이유 중 하나는 이 단어가 우리말 성경에 등장하지 않는다는 점 때문이다. 어떤 이들은 '영성'이라는 말이 성경보다는 가톨릭 전통에서 비롯된 개념이라 여기며, 차라리 '경건'이라는 성서적 언어를 사용할 것을 권한다.

그러나 이러한 견해는 영성의 신학적 기반을 지나치게 협소하게 이해한 것이다. 영어 성경을 보면, 베드로후서 1:4에 나오는 'divine nature'라는 표현이 눈에 띈다. 이 용어는 영어권에서 spirituality(영성)나 divinity(신성)과 더불어 '영성'을 나타내는 핵심 개념으로 널리 받아들여진다. 실제로 'divine nature'는 우리말로 '신적 성품', '하나님의 본성', 또는 '신성한 성품' 등으로 다양하게 번역되며, 이는 영성의 사전적 정의인 '신령한 품성이나 성질'과 사실상 같은 의미로 이해될 수 있다.

역사적으로도 영성은 단지 최근에 등장한 현대적 용어가 아니라,

초대 교회부터 발전되어 온 신학적 전통이다. 바울이 언급한 '영적인 사람'(ὁ πνευματικός)은 '성령을 따르는 사람'을 가리키며, 이때 사용된 헬라어 '프뉴마티코스'(πνευματικός)는 나중에 라틴어 spiritualis로 번역되었고, 여기서 파생된 명사형이 spiritualitas(영성)다. '영성'이라는 개념을 조직적으로 언급한 인물로는 5세기 리에즈(Riez)의 파우스투스(Faustus) 주교가 대표적이다. 그는 '성령을 따르는 삶'을 설명하기 위해 이 개념을 사용했고, 이후로 기독교 신학에서 영성은 중요한 교리적 주제가 되었다.

그럼에도 바울 서신 자체에는 '영성'(spiritualitas)이라는 명사형이 직접적으로 등장하지는 않는다. 반면 베드로후서 1:4은 보다 구체적으로 영성의 방향성과 내용을 요약해 준다. 이 구절은 인간이 하나님의 성품에 참여하는 존재로 초대받았다는 선언이며, 영성은 단순한 도덕적 행위나 내면 수련을 넘어서 '하나님을 닮아가는 삶의 본질적 변화'를 뜻한다.

이러한 관점에서 볼 때, 진정한 영성이란 경건 생활이나 개인적 묵상의 차원을 넘어서, '하나님의 성품에 실제로 참여하며 그분을 닮아가는 존재의 변화'다. 이는 신앙의 윤리적 실천을 포함하되, 단지 실천을 넘어서 신적 존재에의 참여라는 더 깊은 차원의 삶을 요청한다.

그러므로 본서에서는 영성을 '하나님의 성품에 참여하는 삶'으로 규정하며, 그 핵심 개념으로 베드로후서 1:4~11에서 언급되는 divine nature(신성한 성품)를 중심에 둔다. 그리스도인의 영성은 곧 하나님의 본성을 닮아가는 과정이며, 이것은 전인적 성숙과 존재론적 변화를 포함하는 성경적 개념이다.

"이로써 그 보배롭고 지극히 큰 약속을 우리에게 주사 이 약속으로 말미암아 너희가 정욕 때문에 세상에서 썩어질 것을 피하여 신성한 성품에 참여하는 자가 되게 하려 하셨느니라."(벧후 1:4)

결국 성경이 말하는 영성은 내면의 수양이나 신비적 체험에 머무는 것이 아니라, 하나님을 닮은 인격으로 변화되어 세상의 부패한 질서와 구별된 삶을 살아가는 것이다. 진정한 영성은 삶의 모든 영역에서 드러나는 '성품의 변화'이며, 신자의 존재 전체를 하나님께로 이끄는 여정이다.

2. 베드로후서의 영성 훈련의 구조 - 믿음에서 사랑까지

베드로후서는 믿음 ▶ 덕 ▶ 지식 ▶ 절제 ▶ 인내 ▶ 경건 ▶ 형제 우애 ▶ 사랑이라는 일련의 영적 성장 단계를 제시한다. 이 순서는 영성 훈련이 단순히 개인적 덕목의 나열이 아님을 보여준다.

믿음 : 하나님과의 관계의 출발점이자 영성의 토대

덕 : 믿음의 첫 번째 열매, 삶에서 선함을 추구하는 힘

지식 : 하나님의 뜻을 분별하고 삶에 적용하는 지혜

절제 : 욕망과 감정을 다스리는 자기 통제력

인내 : 고난 속에서도 신실하게 견디는 믿음의 지속성

경건 : 하나님을 향한 삶의 태도, 거룩한 습관

형제 우애 : 공동체를 사랑하고 돌보는 관계적 영성

사랑 : 조건 없는 사랑, 신적 사랑의 완성

이 여덟 가지 단계는 상호 연결되어 있으며, 사랑으로 나아가는 과정 속에서 영성 훈련은 온전해진다.

이 8단계 영성 훈련의 구조와 모델에 대한 자세한 것은, 필자의 『나의 영성 매뉴얼: 신성한 성품으로 사는 영성 훈련』(신앙과 지성사, 2025, 23~26, 33~36)을 참조하기 바란다.

3. '신성한 성품'의 삶으로의 부르심

베드로후서는 이렇게 말한다.

"이런 것이 없는 자는 맹인이라 멀리 보지 못하고 그의 옛 죄가 깨끗하게 된 것을 잊었느니라."(벧후 1:9)

'신성한 성품'에 참여하는 삶은 선택이 아니라 부르심이다. 그리스도인은 '영성'을 일상의 삶 속에서 끊임없이 훈련하며, 주어진 구원을 확증해야 한다.

야고보서가 강조하는 '믿음의 행함'은 바로 이 영성 훈련이 구체화되는 실제 현장이다.

베드로후서와 야고보서는 서로 다른 어휘와 논리 구조를 취하고 있지만, 모두 '신성한 성품'과 '행함 있는 믿음'을 하나님의 백성의 표지로 제시한다.

믿음이 삶의 모든 영역에 스며들어 사랑과 경건으로 열매 맺을 때, 우리는 이 세상 가운데서 하나님 나라의 증인으로 살아가게 된다.

이 영성 훈련은 단기간의 프로젝트가 아니라, 평생을 걸쳐 이어지는 여정이며, 그 여정의 마지막은 하나님 앞에서 '착하고 충성된 종'이라는 칭찬으로 완성될 것이다.

이제 우리는 베드로후서의 영성 훈련이라는 기초 위에 서서, 야고보서가 요청하는 '믿음의 삶의 훈련'을 구체적으로 살펴보려 한다.

2장 신성한 성품에 이르는 믿음의 일곱 가지 훈련 – 야고보서가 제시하는 전인적 영성 훈련 로드맵

1. 신학적 기초 : 훈련 없는 성장은 없다

야고보서는 '믿음'을 단순한 사상이나 감정으로 한정하지 않는다. 그것은 삶 전체를 변화시키는 하나님의 능력이다. 그러나 이 변화는 저절로 일어나지 않는다. 씨앗이 열매를 맺기까지 땅을 갈고 잡초를 뽑고 물을 주어야 하듯, 신앙도 지속적인 훈련과 반복적 실천을 통해 성숙해진다.

야고보서의 훈련은 단지 개인의 경건 생활을 강화하는 것이 아니라, 공동체와 세상을 변화시키는 힘을 지닌다. 이 훈련의 최종 목표는 '신성한 성품', 곧 하나님의 성품을 닮아가는 것이다(벧후 1:4 참조).

2. 일곱 가지 훈련의 구조와 흐름 – 야고보서와 함께하는 7주 영성 훈련 여정

야고보서에 나타난 영성은 삶과 믿음의 일치를 요구하는 실제적이고 공동체 중심적인 영성이다. 이 훈련은 말씀의 실천, 언어의 절제, 인내와 기도에 이르기까지 삶 전반을 포괄하는 '일상 속의 영성' 훈련이다. 그 흐름은 다음과 같다.

1주차 – 시련과 인내를 통한 믿음의 성숙(약 1:1~18)

영성 훈련의 시작은 시련을 대하는 태도에서 출발한다. 야고보는 고난을 피해야 할 것이 아니라, 믿음을 연단하여 인내를 낳고 성숙에 이르게 하는 통로로 본다. 참된 영성은 시련 중에도 하나님께 지혜를 구하고, 유혹에 흔들리지 않으며, 하나님의 선하심을 신뢰하는 믿음에서 자란다.

2주차 – 말씀을 듣고 행하는 믿음(약 1:19~27)

참된 영성은 말씀을 듣고 실천하는 삶의 일치에서 드러난다. 겉으로는 신앙을 고백하면서도 실제 삶에서는 말씀을 따르지 않는 모순을 야고보는 경고한다. 말씀을 실천함으로써 삶의 영역에서 경건, 언어 절제, 이웃 사랑, 세속과의 구별이 나타나야 한다.

3주차 – 차별 없는 사랑의 실천(약 2:1~13)

하나님의 영성은 사람을 외모로 판단하지 않는다. 야고보는 교회 공동체 내에서 부유한 자와 가난한 자를 차별 없이 대하라고 말한다. 참된 영성은 긍휼이 심판을 이긴다는 복음의 원리를 따라, 사랑과 공평이 실현되는 공동체성 안에서 드러난다.

4주차 – 행함이 있는 믿음(약 2:14~26)

야고보는 '행함이 없는 믿음은 죽은 것'이라며, 믿음과 행위의 불가분성을 강조한다. 참된 영성은 단순한 지식이나 감정의 차원이 아니라, 행동으로 나타나는 믿음이어야 하며, 삶 속에서 구체적인 실천을 통해 살아 있는 믿음임이 입증되어야 한다.

5주차 – 혀를 다스리는 영성(약 3:1~12)

성숙한 영성은 혀를 제어하는 능력에서 드러난다. 야고보는 말의 위력을 마치 불과 같은 것으로 비유하며, 언어가 영혼과 공동체에 미치는 영향을 강조한다. 참된 영성은 축복과 저주가 함께 나올 수 없음을 인식하며, 말과 마음, 삶이 일치하는 성숙으로 나아간다.

6주차 – 겸손과 하나님 의존의 영성(약 4:1~10)

세속적 정욕과 다툼을 버리고, 하나님 앞에서 자기를 낮추는 삶은 진정한 영적 변화의 열쇠다. 야고보는 하나님께 복종하고 마귀를 대적하라고 권면하며, 하나님과 가까워지고 회개하는 삶, 곧 겸손과 의존의 영성을 강조한다.

7주차 – 인내와 기도의 영성(약 5:7~20)

영성 훈련의 결론은 기도와 공동체 회복이다. 고난 가운데 인내하고, 병든 자를 위해 기도하며, 죄를 고백하고 서로 돌아보는 공동체는 기도의 능력과 회복의 은혜를 경험하게 된다. 야고보는 엘리야의 기도를 예로 들어, 의인의 간구가 역사하는 힘이 큼을 강조하며, 끝까지 견디는 믿음과 중보적 영성으로 훈련을 마무리한다.

3. 7주 훈련 로드맵 – 야고보서가 이끄는 신성한 성품 여정

1) 1주차 : 시련과 인내를 통한 믿음의 성숙

관련 본문 : 야고보서 1:1~4

핵심 진리

진정한 믿음은 시련 속에서 드러나며, 인내를 통해 성숙에 이른다. 시련은 하나님의 연단이며, 우리의 믿음을 정결하게 하는 도구다.

영성 훈련

일주일 동안 겪는 시련과 어려움을 묵상하며, 그것을 통해 하나님께서 나를 어떻게 다듬으시는지를 일기 형식으로 매일 기록하기.

시편 66:10~12, 로마서 5:3~4 암송.

실천 과제

한 주간 감사 제목을 시련의 맥락에서 적어 보기(예 : "이번 주의 시련을 통해 하나님이 나를 이렇게 변화시키셨습니다")……

시련 중인 공동체 지체 한 사람을 찾아가 격려의 메시지 전하기.

2) 2주차 : 말씀을 듣고 행하는 믿음

관련 본문 : 야고보서 1:19~27

핵심 진리

말씀은 듣는 것으로 끝나지 않고, 삶 속에서 실천될 때 참된 믿음이 된다. 듣기만 하고 행하지 않는 자는 자신을 속이는 자다.

영성 훈련

매일 성경을 읽고 '오늘 내가 행해야 할 한 가지 적용'을 정한 후 실천 일지에 기록하기.

야고보서 1:22~25 암송

실천 과제

말씀 묵상 중 실천이 필요한 부분 하나를 정하고 그 분야에 집중하여 일주일간 행동으로 옮기기.

'말씀을 듣고 행하는 삶'에 대한 짧은 글(200자 내외)로 자신의 다짐 작성하기.

3) 3주차 : 차별 없는 사랑의 실천

관련 본문 : 야고보서 2:1~13

핵심 진리

참된 믿음은 사람을 외모나 사회적 지위로 차별하지 않고, 하나님의 자비로 사랑하며 행동한다. 하나님의 심판은 자비를 이기는 것이 아니라, 자비가 심판을 이긴다(약 2:13).

영성 훈련

내면 성찰 훈련 : 내 마음속에 있는 편견이나 차별 의식을 인식하고, 복음의 관점에서 그것을 하나님 앞에 내려놓는 기도 훈련.

자비 실천 훈련 : 소외된 이웃, 도움이 필요한 사람을 향해 적극적으로 다가가 사랑을 실천하는 '은혜의 접촉점 만들기' 훈련.

실천 과제

이번 주 한 사람 이상에게 조건 없는 자비를 실천해 보십시오. 예를 들어, 평소에 외면했던 사람에게 인사하고 말을 걸거나, 도움이 필요한 이웃을 도와주십시오.

일상에서 마주하는 다양한 사람들(직장 동료, 상점 직원, 노숙인, 타인종 등)을 동일한 존엄과 존중으로 대하기 위한 자신의 언행을 점검해 보십시오.

4) 4주차 : 행함이 있는 믿음

관련 본문 : 야고보서 2:14~26

핵심 진리

믿음이 참되고 살아 있다면 반드시 행함으로 드러나야 한다. 행함이 없는 믿음은 죽은 것이며, 참된 믿음은 아브라함과 라합처럼 하나님을 신뢰하고 행동하는 믿음이다.

영성 훈련

믿음 점검 훈련 : 나의 믿음이 말로만 머물러 있지는 않은지, 삶의 실제에서 하나님을 신뢰하며 순종하고 있는지 점검하는 훈련.

믿음의 결단 훈련 : 구체적인 한 가지 순종의 행동을 계획하고, 그것을 믿음으로 실천해 보는 훈련.

실천 과제

'말만 하는 믿음'이 아니라, '행함으로 드러나는 믿음'을 보여 줄 수 있는 일 하나를 정해서 실천해 보십시오(예: 불편한 관계 회복 시도, 용서의 편지, 구제 헌금, 말씀 실천 노트 작성 등).

이번 주 자신의 삶에서 가장 도전이 되는 영역(가정, 직장, 공동체 등) 한 곳을 선택하여 그 영역에서 '믿음의 행동'을 어떻게 보여줄 수 있을지 구체적인 계획을 세워 보십시오.

5) 5주차 : 혀를 다스리는 영성

관련 본문 : 야고보서 3:1~12

핵심 진리

혀는 작은 지체이지만 온 몸을 더럽히고 생의 수레바퀴를 불사를 수 있다. 영적 성숙은 말의 절제와 직결되며, 참된 경건은 혀를 통제하는 데서 시작된다.

영성 훈련

침묵 훈련 : 말하기 전에 먼저 하나님 앞에서 침묵하며 자신의 말의 동기와 내용을 점검하는 훈련.

축복의 언어 훈련 : 매일 세 사람 이상에게 축복과 격려의 말을 건네는 훈련.

실천 과제

하루 동안 자신의 말의 패턴을 기록하고(예: 불평, 비판, 과장, 험담 등), 저녁마다 그것을 하나님 앞에 가져가 회개와 성찰의 기도로 마무리하십시오.

일주일 동안 최소 한 사람에게 지속적으로 축복의 메시지를 전해 보십시오(직접 말하거나 문자, 쪽지 등으로 가능).

6) 6주차 : 겸손과 하나님 의존의 영성

관련 본문 : 야고보서 4:1~10

핵심 진리

하나님은 교만한 자를 물리치시고 겸손한 자에게 은혜를 주신다. 진정한 겸손은 자기 부인을 넘어서 하나님의 주권을 신뢰하고 의존하는 삶으로 나타난다. 하나님 앞에서 낮아지는 자는 반드시 하나님께서 높이시며, 그분께 모든 염려를 맡기는 것이 참된 겸손의 표현이다.

영성 훈련

날마다 짧은 기도를 통해 하나님께 의존을 고백하기.

하루를 시작하며 “저는 주님의 도우심 없이는 아무것도 할 수 없습니다”라는 문장을 마음으로 반복하며 시작하기.

자신이 자랑하고 싶은 순간마다 멈추어 “모든 것은 하나님의 은혜입니다”라고 고백하기.

실천 과제

이번 주에 나의 교만함이 드러난 상황을 돌아보고 회개 기도하기.

타인을 판단하거나 비교하는 습관을 인식하고 그것을 멈추기 위한 구체적 실천 계획 세우기.

누군가에게 도움을 요청해야 할 상황에서 자존심을 내려놓고 겸손하게 부탁해 보기.

7) 7주차 : 인내와 기도의 영성

관련 본문 : 야고보서 5:7~20

핵심 진리

신앙인은 주의 재림을 기다리며 인내로 살아야 하며, 고난 가운데서도 낙심하지 않고 기도함으로 하나님과의 관계를 지속적으로 유지해야 한다. 기도는 고난의 때에 영혼을 붙들어 주는 생명의 호흡이며, 병든 자를 고치고 죄인을 회복시키는 능력이다.

영성 훈련

하루에 세 번(아침, 점심, 저녁) 정해진 시간에 짧은 기도 시간을 갖기.

'기도 일기'를 작성하며 자신의 기도 제목과 응답 과정을 기록하기.

고난 가운데 있는 이들을 위해 중보 기도 리스트를 만들어 매일 기도하기.

실천 과제

자신이 인내하기 어려웠던 상황을 돌아보며 그 안에서 하나님의 뜻을 묵상해 보기.

현재 기다리고 있는 일이 있다면, 그 기다림 속에서 드리는 '믿음의 고백 기도문'을 써 보기.

삶에 지쳐 있는 이웃에게 "함께 기도하자"는 말을 먼저 건네고 함께 기도하는 시간을 갖기.

* 하루 5~10분, 해당 주제에 맞는 성경 본문 묵상

주중에 반드시 1~2회 이상 구체적 실천.

훈련 기록 : 매일 저녁, 실천 여부 · 느낀 점 · 기도 제목을 기록.

마무리 점검 : 7주 훈련 후, 전체 덕목 점검표 작성(성장 · 도전 영역 표시).

이 표는 7주 훈련 전 · 후로 각 덕목의 변화 정도를 스스로 평가하도록 설계되어, 독자가 자신의 영적 성장을 시각적으로 확인할 수 있게 한다.

성품 성장 종합 점검표

부제 : 7주 후, 나는 얼마나 변했는가?

훈련 덕목	관련 본문	훈련 전 점수 (1~5점)	훈련 후 점수 (1~5점)	변화 메모
1. 시련 속 인내	약 1:2~4, 5:7~11			
2. 말씀 순종	약 1:19~27			
3. 차별 없는 사랑	약 2:1~13			
4. 믿음 · 행함 일치	약 2:14~26			
5. 혀 다스리기	약 3:1~12			
6. 겸손과 하나님 의존의 영성	약 3:13~18, 4:1~10			
7. 기도 · 중보	약 5:13~20			

사용 방법

점수 부여 방식

1점: 거의 실천하지 않음

2점: 간헐적 실천

3점: 절반 이상 실천

4점: 자주 실천

5점: 생활화

변화 메모

구체적 변화 사례 기록(예: "4주차 말 다스리기 훈련 후, 회의 중 불필요한 발언 줄임").

평가 시점

훈련 시작 전, 솔직하게 현재 상태 점수 부여.

훈련 종료 후, 동일한 기준으로 다시 평가.

결과 활용

점수 변화를 통해 성장 영역과 보완할 덕목 파악.

소그룹 또는 멘토와 함께 피드백 시간 가지기.

다음은 개인 영성 선언문 양식이다. 이 부분은 7주 훈련의 마지막 페이지에 들어가 독자가 '훈련 후 나의 결단'을 글로 남기게 하여, 신앙 여정을 장기적으로 이어가도록 돕는 역할을 한다.

개인 영성 선언문

■ 부제 : 신성한 성품으로 걸어가는 나의 길

■작성일 : ______년 ____월 ____일

■작성자 : ______________________

1. 이번 훈련을 통해 깨달은 점

(예 : "말씀은 머리에만 두는 것이 아니라, 행동으로 옮길 때 힘을 발휘한다.")

....

....

2. 나의 변화와 성장

(예 : "4주차 '혀 다스리기' 훈련 후, 가정에서 말다툼이 줄었다.")

....

....

3. 앞으로의 실천 다짐

(예 : "매주 한 번은 반드시 소외된 이웃을 찾아가 섬김을 실천하겠다.")

………………………………………………………………………………………

………………………………………………………………………………………

4. 나의 기도 제목

(예 : "하나님의 지혜를 매일 구하며, 모든 관계 속에서 화평을 이루는 자가 되게 하소서.")

………………………………………………………………………………………

………………………………………………………………………………………

서명 : ______________________

사용 안내

개인 보관용으로 작성하여 매달 1회 읽고, 실천 여부를 점검한다.

소그룹 리더나 멘토와 공유하면, 서로 격려와 기도의 동반자가 될 수 있다.

선언문은 '하나님 앞에서의 서약'이라는 마음으로 작성한다.

격려의 글

부제 : 이제 시작입니다

7주 동안의 믿음 훈련 여정을 완주하신 것을 진심으로 축하드립니다.

말씀을 행동으로 옮기고, 사랑과 인내를 연습하며, 기도의 자리로 나아간 이 시간은 결코 헛되지 않았습니다. 여러분이 쌓아 올린 작은 순종의 걸음들이 모여, 하나님 앞에서 큰 변화를 만들어 가고 있습니다.

그러나 이것이 끝이 아니라 시작입니다.

야고보서가 우리에게 보여준 믿음은, 일회적인 결단이 아니라 평생 이어지는 여정입니다. 이 길에는 매일의 선택이 필요합니다. 오늘의 순종이 내일의 습관이 되고, 내일의 습관이 평생의 성품을 만들어 갑니다.

혹시 훈련 중에 계획대로 실천하지 못한 날이 있었다 해도 낙심하지 마십시오. 하나님은 우리의 완벽함보다, 다시 일어나 걸어가는 지속적인 믿음을 기뻐하십니다. 중요한 것은 다시 시작하는 용기입니다.

이제 여러분의 손에는 말씀, 마음에는 사랑, 삶에는 실천이 담겨 있습니다.

그것을 계속 이어가십시오. 가정에서, 직장에서, 교회와 이웃 속에서, 매일의 삶이 야고보서의 말씀처럼 살아 움직이는 복음이 되게 하십시오.

마지막으로, 오늘 작성하게 될 개인 영성 선언문은 단순한 글이 아니라, 하나님과 나 사이의 신실한 약속입니다. 이 약속이 여러분의 발걸음을 붙들고, 더 깊은 믿음과 더 성숙한 성품으로 인도하길 축복합니다.

"너희는 말씀을 행하는 자가 되고 듣기만 하여 자신을 속이는 자가 되지 말라."(약 1:22)

이 말씀이 여러분의 평생을 이끄는 나침반이 되길 기도합니다.

3장 소그룹 영성훈련을 위한 워크북과 지도자 매뉴얼 – 야고보서를 따라가는 7주간의 삶의 변화 여정

1. 서론 : 왜 소그룹 영성훈련인가?

신앙은 머리로만 아는 진리가 아니라, 몸으로 살아내는 삶이다. 성경의 메시지가 단지 정보로 머무르지 않고, 우리의 삶을 실제로 변화시키기 위해서는 훈련이 필요하다. 그 훈련은 혼자보다는 함께 할 때 더욱 강력한 힘을 발휘한다.

소그룹은 서로를 격려하며 실천을 점검하고, 삶 속에서 말씀을 살아내도록 도전하는 신앙 공동체의 핵심 현장이다.

이 책은 야고보서를 바탕으로 7주 동안 '삶으로 드러나는 믿음'을 훈련하는 여정으로 구성되었다.

특히 워크북은 각 개인이 말씀을 묵상하고 적용할 수 있도록 안내하며, 지도자 매뉴얼은 각 주차의 주제를 깊이 이해하고 소그룹 나눔을 인도할 수 있도록 돕는다.

훈련자와 인도자가 함께 사용할 수 있도록 이 책을 두 부분으로 구성했다.

2. 소그룹 영성훈련을 위한 워크북과 지도자 매뉴얼

신약성경 야고보서는 시련과 인내, 믿음과 행위, 말과 행동, 겸손과 하나님 의존, 인내와 기도 등 실천적 신앙의 여러 측면을 매우 밀도 있게 다루고 있다. 본 워크북과 지도자 매뉴얼은 야고보서 본문에 기초하여 총 7주 동안 소그룹 영성 훈련을 진행할 수 있도록 구성되었다.

이 훈련은 단지 성경 지식을 배우는 데 그치지 않고, 신자의 인격과 삶을 하나님의 말씀에 비추어 점검하고 변화시키는 데 목적이 있다. 각 주차는 야고보서 본문의 흐름을 따라 믿음의 구체적인 삶의 모습을 탐구하며, 실제적 실천을 위한 질문과 적용 과제를 포함한다. 훈련자는 이 과정을 통해 '행함 있는 믿음'이라는 야고보서의 핵심 메시지를 더욱 선명히 이해하고, 삶 속에서 적용하도록 이끌어진다.

지도자 매뉴얼은 소그룹 인도자가 각 주차의 주제와 본문 내용을 충분히 이해하고 효과적으로 인도할 수 있도록 돕는다. 핵심 개념, 주제 정리, 나눔 질문에 대한 지도 방향 등을 제시함으로써, 지도자가 보다 안정감 있고 깊이 있는 소그룹을 이끌 수 있도록 구성하였다.

이 훈련은 공동체 안에서 말씀을 함께 나누고 삶으로 연결할 수 있는 실제적 장을 제공하며, 말씀 중심의 영적 성장을 추구하는 이들에게 의미 있는 여정을 제안한다.

3. 워크북 (개인 참여자용)

1) 1주차 워크북

(1) 주제 : 시련과 인내를 통한 믿음의 성숙

(2) 본문 : 야고보서 1:1~18

(3) 말씀 읽기

먼저 야고보서 1:1~18을 천천히 정독하세요. 가능하면 하루에 두 번 읽고 묵상해 보세요.

(4) 핵심 구절 묵상

"너희가 여러 가지 시험을 당하거든 온전히 기쁘게 여기라."(1:2)

"인내를 온전히 이루라 이는 너희로 온전하고 구비하여 조금도 부족함이 없게 하려 함이라."(1:4)

(5) 영성 점검 질문

지금 내가 겪고 있는 '시험'은 무엇인가요?

이 시험을 하나님의 관점에서 바라보면 어떤 의미가 있나요?

내가 기도 중에 '지혜'를 구해야 할 구체적인 영역은 무엇인가요?

시련을 만날 때, 나의 반응은 믿음의 시각인가요, 불평인가요?

(6) 기도하기

주님, 시험과 시련 앞에서 믿음으로 반응하게 하소서.

인내를 온전히 이루게 하셔서 제 영혼이 성숙하도록 이끄소서.

부족한 지혜를 구하오니 후히 주시는 하나님을 믿고 간구합니다.

(7) 적용 노트

이번 주 내 삶에서 '믿음으로 반응'해야 할 구체적인 상황은?

내가 훈련하고 싶은 '인내'의 습관은?

(8) 주간 실천 계획

요일	실천 내용	실천 여부
월요일	아침에 야고보서 1장 묵상	☐
화요일	시련 중 기쁨으로 반응하기 연습	☐
수요일	지혜를 구하며 5분간 기도	☐
목요일	인내가 필요한 일 기록하고 적용	☐
금요일	친구나 가족과 나눈 묵상 나누기	☐
토요일	한 주간 묵상 정리 및 감사기도	☐
주일	예배 후 말씀 나눔 시간 갖기	☐

2) 2주차 워크북

(1) 주제 : 말씀을 듣고 행하는 믿음

(2) 본문 : 야고보서 1:19~27

(3) 말씀 읽기

야고보서 1:19~27을 정독합니다. 최소 두 번 이상 읽고, 마음에 남는 구절을 반복해서 묵상해 보세요.

(4) 핵심 구절 묵상

"너희는 말씀을 행하는 자가 되고 듣기만 하여 자신을 속이는 자가 되지 말라."(1:22)

"하나님 아버지 앞에서 정결하고 더러움이 없는 경건은 곧 고아와 과부를 그 환난 중에 돌보고 또 자기를 지켜 세속에 물들지 아니하는 그것이니라."(1:27)

(5) 영성 점검 질문

나는 평소에 말씀을 들은 후에 어떻게 반응하고 있나요?

최근 내가 실천하지 못한 말씀은 무엇인가요?

내가 생각하는 '진짜 경건'은 무엇인가요?

나의 신앙이 '세속적 가치관'에 물들지 않도록 지키기 위해 필요한 훈련은 무엇인가요?

(6) 기도하기

주님, 말씀을 듣는 데서 그치지 않고 삶에서 실천하게 하소서.

자기를 속이는 자가 아니라, 말씀에 순종하는 자 되게 하소서.

저의 경건이 삶으로 드러나도록 성령께서 도우소서.

(7) 적용 노트

내가 이번 주 실천할 '말씀 한 가지'는?

경건을 드러낼 수 있는 구체적인 실천 한 가지는?

(8) 주간 실천 계획

요일	실천 내용	실천 여부
월요일	말씀 노트에 본문 요약 작성	☐
화요일	들은 말씀 중 하나 실천하기	☐
수요일	'세속의 영향' 한 가지 점검	☐
목요일	고아와 과부와 같은 이웃을 위한 중보기도	☐
금요일	SNS나 일상 언어 점검 (경건 유지)	☐
토요일	말씀 실천 체험 일기 쓰기	☐
주일	공동체 나눔 시간에 간증	☐

3) 3주차 워크북

(1) 주제 : 차별 없는 사랑의 실천

(2) 본문 : 야고보서 2:1~13

(3) 말씀 읽기

야고보서 2:1~13을 정성껏 읽어 보십시오.

두 가지 번역(예: 개역 개정, 쉬운 성경)으로 비교해 읽는 것도 도움이 됩니다.

(4) 핵심 구절 묵상

"만일 너희가 사람을 차별하여 대하면 죄를 짓는 것이니 율법이 너희를 범법자로 정죄하리라."(2:9)

"긍휼을 행하지 아니하는 자에게는 긍휼 없는 심판이 있으리라. 긍휼은 심판을 이기고 자랑하느니라."(2:13)

(5) 영성 점검 질문

내가 의식적 또는 무의식적으로 차별했던 대상은 누구였나요?

외모, 배경, 사회적 지위 등에 따라 사람을 다르게 대하지 않았는지 돌아봅시다.

하나님의 긍휼을 받은 자로서 나도 긍휼을 흘려보내고 있나요?

'사랑의 율법'(2:8)을 내 삶 속에서 어떻게 실천하고 있나요?

(6) 기도하기

주님, 편견을 내려놓고 모든 사람을 공평하게 대할 수 있는 눈을 주소서.

제 안에 있는 자기도취, 판단, 차별의 잔재들을 주님의 긍휼로 씻어 주소서.

이웃을 향한 실천적 사랑을 가르쳐 주소서.

(7) 적용 노트

이번 주, 내가 실천하고자 하는 '긍휼의 행위'는 무엇인가요?

내가 먼저 다가가야 할 한 사람의 이름을 떠올려 보세요.

(8) 주간 실천 계획

요일	실천 내용	실천 여부
월요일	공동체에서 소외된 사람에게 따뜻한 말 건네기	☐
화요일	주변에서 가장 약한 자 한 명을 위해 기도	☐
수요일	외모나 조건이 아닌 내면을 보려는 연습	☐

목요일	차별적 시선을 경계하며 대화하기	□
금요일	내 안의 판단과 정죄를 회개하며 묵상	□
토요일	긍휼을 실천한 하루를 일기로 정리	□
주일	교회에서 나누지 않던 이와 식사/대화 나누기	□

4) 4주차 워크북

(1) 주제 : 행함이 있는 믿음

(2) 본문 : 야고보서 2:14~26

(3) 말씀 읽기

야고보서 2:14~26을 천천히, 정직한 마음으로 읽어 보십시오.

말씀을 묵상하며 반복해서 소리 내어 읽어보는 것도 좋습니다.

(4) 핵심 구절 묵상

"행함이 없는 믿음은 그 자체가 죽은 것이라."(2:17)

"영혼 없는 몸이 죽은 것 같이 행함이 없는 믿음은 죽은 것이니라."(2:26)

(5) 영성 점검 질문

나의 믿음은 말로만 머물러 있지 않은가요?

내가 실천 없이 방치하고 있는 신앙적 가치는 무엇인가요?

신앙이 일상의 삶과 구체적으로 연결되지 못하고 있는 부분은 어디인가요?

내가 가장 자주 사용하는 '믿음'이라는 단어가 실제 내 삶에 어떤 영향력을 미치고 있나요?

(6) 기도하기

주님, 믿음이 삶의 실천으로 이어지게 하소서.

죽은 믿음이 아니라, 살아 있는 믿음으로 순종하게 하소서.

말씀을 듣고 잊는 자가 아니라, 행하는 자가 되게 하소서.

(7) 적용 노트

이번 주, 내 믿음을 실천으로 증명할 수 있는 구체적인 행동은 무엇인가요?

내가 외면하고 있던 한 가지 실천을 정하고, 작은 시작을 적어 보세요.

(8) 주간 실천 계획

요일	실천 내용	실천 여부
월요일	말씀을 행동으로 옮기는 결단 한 가지 세우기	□
화요일	말보다 행동으로 신앙 보여주기	□
수요일	믿음과 행동이 연결되지 못했던 습관 1가지 고치기	□
목요일	누군가를 돕기 위한 실제적 봉사 실천	□
금요일	작은 것이라도 주님 앞에 순종하기	□
토요일	나의 '믿음 점검' 일기 쓰기	□
주일	신앙 공동체에서 믿음의 격려 실천	□

5) 5주차 워크북

(1) 주제 : 혀를 다스리는 영성

(2) 본문 : 야고보서 3:1~12

(3) 말씀 읽기

야고보서 3:1~12을 천천히 두세 번 읽어 보십시오.

특히 비유로 표현된 부분들을 머릿속에 그려보며 묵상해 보세요.

(4) 핵심 구절 묵상

"혀는 곧 불이요 불의의 세계라."(3:6)

"샘이 한 구멍으로 어찌 단 물과 쓴 물을 내겠느냐."(3:11)

(5) 영성 점검 질문

나는 최근 내 말로 다른 사람을 살렸나요, 상하게 했나요?

내 입술에서 나오는 말은 내 마음의 상태를 어떻게 드러내고 있나요?

말로 실수하거나 부주의하게 표현한 경험이 떠오른다면, 어떻게 바로잡을 수 있을까요?

내가 가장 자주 사용하는 말습관 중에서 고쳐야 할 부분은 무엇인가요?

(6) 기도하기

주님, 제 입술을 지켜주시고, 제 혀를 주의 뜻에 따라 사용하게 하소서.

사람을 죽이는 말이 아니라 살리는 말을 하게 하소서.

제 마음이 먼저 성결해져서 말도 정결해지게 하소서.

(7) 적용 노트

이번 주에 내가 '혀'를 다스리기 위해 집중할 한 가지 훈련은 무엇인가요?

나의 말에 있어서 바꾸고 싶은 습관을 구체적으로 적어 보세요.

'칭찬', '격려', '감사' 중 하나를 실천하기로 정하고 대상자와 방법을 계획해 보세요.

(8) 주간 실천 계획

요일	실천 내용	실천 여부
월요일	하루를 시작하며 "주의 입술로 말하게 하소서" 기도	☐
화요일	누군가에게 진심 어린 격려 한마디 전하기	☐
수요일	판단이나 불평을 삼가고 침묵 훈련 실천	☐
목요일	가족이나 가까운 사람에게 감사 표현하기	☐
금요일	SNS나 문자 메시지에 정중하고 따뜻한 말 쓰기	☐
토요일	말실수 반성 노트 작성 + 회개 기도	☐
주일	공동체 안에서 칭찬과 긍정의 말 나누기	☐

6) 6주차 워크북

(1) 주제 : 겸손과 하나님 의존의 영성

(2) 본문 : 야고보서 4:1~10

(3) 말씀 읽기

야고보서 4:1~10을 정독하며 읽으세요.

읽으면서 '욕심', '다툼', '하나님께 복종', '겸손' 같은 핵심 단어에 밑줄을 그어보세요.

(4) 핵심 구절 묵상

"하나님이 교만한 자를 물리치시고 겸손한 자에게 은혜를 주신다 하였느니라."(4:6)

"하나님을 가까이하라 그리하면 너희를 가까이하시리라."(4:8)

(5) 영성 점검 질문

내 안의 갈등은 주로 어떤 욕심에서 비롯되는가?

나는 어려움이 있을 때 하나님께 엎드려 의지하는가, 내 방식대로 해결하려 하는가?

하나님 앞에 마음을 낮추고 그분께 복종하는 자세는 내 삶 속에서 어떻게 드러나고 있는가?

회개와 자기 비움의 훈련이 내 신앙 여정에서 어떻게 나타나고 있는가?

(6) 기도하기

주님, 제 마음 속 교만함을 깨뜨려 주시고, 진심으로 주님을 의지하게 하소서.

헛된 욕망을 버리고 하나님을 가까이하는 삶을 살게 하소서.

하나님께 복종하고 원수 마귀를 대적할 수 있는 영적 분별력을 주옵소서.

(7) 적용 노트

이번 주에 실천하고자 하는 '겸손의 훈련'은 무엇입니까?

내 삶의 영역 중 하나님께 아직 복종하지 못한 부분이 있다면 구체적으로 적어 보세요.

나의 기도생활을 점검하고 회복할 수 있는 작은 실천 한 가지를 정해 보세요.

(8) 주간 실천 계획

요일	실천 내용	실천 여부
월요일	내 삶의 우선순위를 하나님 중심으로 정비하기	☐
화요일	불필요한 욕심을 하나 내려놓고 기도하기	☐
수요일	혼자 기도하는 시간을 10분 이상 확보하기	☐
목요일	누군가에게 용서를 구하거나 겸손히 대하기	☐
금요일	자신을 과시하고 싶은 유혹을 인식하고 절제하기	☐
토요일	하루를 돌아보며 회개의 기도 드리기	☐
주일	공동체에서 하나님 앞에 엎드리는 자세로 예배드리기	☐

7) 7주차 워크북

(1) 주제 : 인내와 기도의 영성

(2) 본문 : 야고보서 5:7~20

(3) 말씀 읽기

야고보서 5:7~20을 정성스럽게 읽어 보세요.

읽으면서 '인내', '기도', '장로들', '회복', '영혼을 구원함'과 같은 단어에 밑줄을 그어보세요.

(4) 핵심 구절 묵상

"그러므로 형제들아 주께서 강림하시기까지 길이 참으라… 마음을 굳건하게 하라 주의 강림이 가까우니라."(5:7~8)

"의인의 간구는 역사하는 힘이 큼이니라."(5:16b)

"죄인을 미혹된 길에서 돌아서게 하는 자가 그의 영혼을 사망에서 구원할 것이며 허다한 죄를 덮을 것임이라."(5:20)

(5) 영성 점검 질문

나는 어려운 상황 속에서 얼마나 인내하며 하나님을 바라보고 있는가?

'기도'는 나에게 어떤 의미인가? 기도는 나의 일상 속에서 어떻게 자리를 잡고 있는가?

누군가의 회복을 위해 중보한 적이 있는가? 기도를 통해 내 주변 사람들과 공동체를 어떻게 섬기고 있는가?

나의 인내와 기도 생활이 공동체 안에서 어떤 영향을 미치고 있는가?

(6) 기도하기

주님, 인내의 마음을 주소서. 주님의 때를 믿고 기다리는 믿음을 주소서.

기도의 능력을 회복하게 하시고, 병든 자, 지친 자, 죄에 빠진 자를 위해 기도하는 영적 책임감을 주옵소서.

저의 기도를 통해 공동체가 살아나고 회복되기를 간절히 소원합니다.

(7) 적용 노트

이번 주 내 삶에서 인내가 요구되는 영역은 무엇입니까?

내가 더 깊이 기도해야 할 대상은 누구입니까? 이름을 적고 중보기도를 시작해 보세요.

내 기도 생활을 점검하며 회복하고 싶은 구체적 실천은 무엇입니까?

(8) 주간 실천 계획

요일	실천 내용	실천 여부
월요일	하루 한 가지 인내의 훈련 실천하기	☐
화요일	누군가를 위해 5분 이상 중보기도하기	☐

수요일	"주의 강림이 가까우니라"는 말씀 되새기기	☐
목요일	감사 제목 3가지를 적고 기도하기	☐
금요일	교회 혹은 가정에서 기도 모임에 참여하기	☐
토요일	'병든 자를 위한 기도'에 동참하기	☐
주일	주님의 때를 기다리는 믿음을 고백하며 예배드리기	☐

4. 야고보서 7단계 영성 훈련 – 지도자 매뉴얼

1) 1주차 지도자 매뉴얼

제목 : 시련과 인내를 통한 믿음의 성숙

본문 : 야고보서 1:1~18

(1) 모임 전 준비

항목　준비 내용

묵상 : 야고보서 1:1~18 전체를 깊이 읽고 본문 구조와 핵심 주제를 파악합니다.

기도 : 첫 모임이므로, 참여자들이 부담 없이 나눌 수 있도록 기도

하며 준비합니다.

자료 : 워크북, 성경, 펜, 조용한 모임 장소, 시계 또는 타이머.

안내 문구 : 워크북 1주차 내용을 간단히 정리해 인쇄하거나 공유해도 좋습니다.

(2) 모임 흐름 (60분 기준)

순서	내용	소요 시간
① 환영 및 기도	첫 모임인 만큼 인사와 함께 기도로 분위기를 엽니다.	5분
② 본문 읽기	야고보서 1:1~18을 돌아가며 소리 내어 읽습니다.	5분
③ 배경 설명	야고보서 전체의 개요 및 1장 1~18절의 구조적 흐름을 간단히 요약합니다.	5분
④ 핵심 나눔 질문	아래의 질문을 따라 참여자들과 함께 나눕니다. 워크북의 내용을 충분히 반영합니다.	30분
⑤ 적용 나눔	개인적 적용을 나누고 이번 주 어떻게 실천할지 구체적인 결단을 유도합니다.	10분
⑥ 마무리 기도	짝 기도 또는 인도자의 기도로 마무리합니다.	5분

(3) 나눔을 위한 질문 가이드

다음 질문들은 워크북 내용을 기반으로 하되, 더 깊은 묵상과 나눔을 유도할 수 있도록 돕습니다.

현재 내가 겪고 있는 시련은 무엇입니까?

- 시련의 종류를 나누며 서로의 삶을 이해하는 시간입니다.

그 시련 속에서 '기쁨으로 여기라'는 말씀을 어떻게 받아들이셨습니까?

- 현실과 말씀의 간극을 정직하게 이야기하도록 유도하세요.

하나님께 지혜를 구하는 것과 인내를 배우는 것 사이에는 어떤 관계가 있을까요?

- 5절과 4절의 연결성을 짚어 줍니다.

'시험'과 '유혹'(13~15절)은 어떻게 다른가요? 유혹을 이기기 위한 내 삶의 경계는 무엇입니까?

내 삶에 이미 주어진 '온갖 좋은 은사'는 무엇인지 돌아보며 감사해 보세요.

- 긍정적인 적용과 마무리를 유도합니다.

(4) 리더를 위한 팁

첫 주차는 전체 흐름의 기반이 되므로, 참여자들이 편안히 말할 수 있는 분위기 조성이 중요합니다.

모든 발언을 존중해 주세요. 판단이나 교정 없이 경청해 주세요.

본문 구조를 나누어 설명해도 좋습니다.

1~4절 : 시련과 인내

5~8절 : 지혜를 구하는 자

9~11절 : 인생의 위치와 겸손

12~15절 : 시험과 유혹

16~18절 : 하나님의 선하심과 은사

(5) 기도 포인트

시련 중에도 인내를 배우는 영적 눈을 주소서.

지혜가 부족한 자로서 늘 주님께 구하게 하소서.

유혹을 분별하고 주님의 선하심을 신뢰하게 하소서.

이번 주, 주어진 은사에 감사하며 살게 하소서.

(6) 마무리

다음 주 주제는 '말씀을 듣고 행하는 믿음'(야고보서 1:19~27)입니다.

참여자들이 워크북 2주차 내용을 미리 읽고 올 수 있도록 안내해 주세요.

2) 2주차 지도자 매뉴얼

제목 : 말씀을 듣고 행하는 믿음

야고보서 1:19~27

(1) 모임 전 준비

항목 준비 내용

묵상 : 야고보서 1:19~27 전체를 기도로 묵상하며, '말씀을 듣는 것'과 '행하는 것'의 관계를 생각해 봅니다.

기도 : 참여자들이 말씀을 삶 속에 적용하며 살아가도록 기도합니다.

자료 : 워크북, 성경, 펜, 조용한 모임 장소, 타이머 등.

안내 문구 : "오늘은 듣는 신앙에서 행하는 신앙으로 나아가는 것을 함께 살펴봅니다."

(2) 모임 흐름 (60분 기준)

순서	내용	소요 시간
① 환영 및 기도	인사와 함께 기도로 모임을 엽니다.	5분
② 본문 읽기	야고보서 1:19~27을 함께 읽습니다. 참여자들이 한 절씩 돌아가며 읽게 하세요.	5분
③ 배경 설명	'듣고 행함'의 중요성, 당시 유대 기독교의 말씀 이해 방식 등을 간단히 소개합니다.	5분

④ 핵심 나눔 질문	아래의 질문을 따라 참여자들과 나눔을 진행합니다. 워크북 질문을 반영하면서 진행하세요.	30분
⑤ 적용 나눔	말씀을 어떻게 실천할지, 이번 주의 적용 결단을 서로 나눕니다.	10분
⑥ 마무리 기도	나눔에 감사하며, 삶의 적용을 위한 기도로 마무리합니다.	5분

(3) 나눔을 위한 질문 가이드

내가 말씀을 듣고만 지나쳤던 순간이 있다면 언제였나요?

- 삶 속에서 '듣기만 하는 신앙'의 한계를 나눕니다.

'말씀을 듣고도 행하지 않는 자'는 어떤 모습으로 비유되고 있습니까?(1:23~24)

- 말씀의 거울 앞에 자신을 비춰보는 시간을 가집니다.

'온유함으로 말씀을 받는 것'(1:21)은 어떤 태도를 말할까요?

- '온유함'과 '내면의 변화'의 관계를 토론합니다.

참된 경건이란 무엇이라고 야고보는 말하고 있습니까?(1:26~27)

- 입술, 행동, 약자에 대한 돌봄 등 실천적 신앙을 나눕니다.

이번 주, '말씀을 듣고 행함'의 실천을 어떻게 해 보고 싶습니까?

- 구체적이고 실제적인 적용 결단을 도출해 줍니다.

(4) 리더를 위한 팁

'듣기'와 '행함' 사이에 자기기만이 생기기 쉽다는 점을 부드럽게 강조해 주세요.

참여자 중에 자기 적용을 부담스러워하는 이가 있을 수 있으니, 소박한 실천도 환영해 주세요.

말씀을 실천함으로써 얻게 되는 기쁨과 성숙을 직접 경험한 이야기를 나누면 동기를 줄 수 있습니다.

1:26~27의 실천항목(입술 관리, 고아와 과부, 세속과 구별)은 현실적인 예시와 함께 설명하면 좋습니다.

(5) 기도 포인트

말씀을 온유함으로 받고, 자기기만 없이 실천할 수 있는 은혜를 주소서.

말과 행동이 일치하는 삶을 살게 하소서.

약자를 돌아보는 참된 경건의 길을 걷게 하소서.

이번 주, '말씀을 행함'의 첫걸음을 내딛게 하소서.

(6) 마무리

다음 주 주제는 '차별 없는 사랑의 실천'(야고보서 2:1~13)입니다.

워크북 3주차를 미리 살펴보도록 안내해 주세요.

3) 3주차 지도자 매뉴얼

제목 : 차별 없는 사랑의 실천

본문 : 야고보서 2:1~13

(1) 모임 전 준비

항목 준비 내용

묵상 : 야고보서 2:1~13 말씀을 반복해서 묵상하며, 차별과 사랑에 대한 자신의 태도를 점검해 봅니다.

기도 : 모든 지체가 하나님의 관점에서 이웃을 사랑하도록 기도합니다.

자료 : 워크북, 성경, 펜, 차별 사례 관련 예시나 사진(선택 사항).

안내 문구 : "하나님의 사랑은 사람을 외모로 판단하지 않습니다. 우리도 그러한 사랑을 실천할 수 있을까요?"

(2) 모임 흐름 (60분 기준)

순서	내용	소요 시간
① 환영 및 기도	따뜻하게 맞이하고, 기도로 시작합니다.	5분

② 본문 읽기	야고보서 2:1~13 전체를 돌아가며 읽습니다.	5분
③ 배경 설명	초대교회 안에서 실제 있었던 '부자와 가난한 자' 차별 사례를 간단히 소개합니다.	5분
④ 핵심 나눔 질문	워크북의 질문을 중심으로 자유롭게 나누되, 토론이 한 사람에게 치우치지 않도록 유도합니다.	30분
⑤ 적용 나눔	실생활에서 차별 없는 사랑을 어떻게 실천할지 서로 나누고 적용을 도출합니다.	10분
⑥ 마무리 기도	고정관념을 내려놓고, 하나님의 눈으로 이웃을 보는 삶을 위해 기도합니다.	5분

(3) 나눔을 위한 질문 가이드

본문에서 야고보는 어떤 차별 사례를 비판하고 있습니까?(2:2~4)

– 오늘날 우리 교회나 사회 안에서 이런 모습이 있다면 어떤 것일까요?

'차별 없는 사랑'은 우리 삶에서 얼마나 실천되고 있습니까?

– 무의식적인 판단이나 거리 두기의 사례를 나눌 수 있도록 유도해 보세요.

2:5~7에서 하나님은 누구를 택하셨다고 말합니까? 그 이유는 무엇인가요?

– 하나님의 가치관과 인간의 가치관의 차이를 조명합니다.

'이웃 사랑'은 '율법의 왕도'라 불립니다(2:8). 왜 그럴까요?

– 이웃 사랑의 중심성과 중요성을 묵상하게 합니다.

2:12~13에서 자비를 실천하지 않는 자에게 어떤 경고가 주어지나요?

– 우리의 말과 행동이 하나님의 심판 기준이 됨을 진지하게 받아들이게 합니다.

이번 주 내가 실천할 수 있는 '차별 없는 사랑'은 어떤 모습일까요?

– 한 가지 구체적인 행동을 적용으로 정하게 합니다.

(4) 리더를 위한 팁

'차별'이라는 주제는 때때로 민감할 수 있으니, 정죄하지 않고 공감하며 나눔이 이루어지도록 유도합니다.

오늘날 현실적 예시(외모, 배경, 학벌, 경제 수준, 정치 성향 등)의 은근한 차별을 함께 나눌 수 있다면 효과적입니다.

'차별 없는 사랑'은 말보다 행동이 중요하므로, 실행 가능한 작은 실천을 도출해 주는 것이 좋습니다.

야고보가 강조하는 '말씀을 실천하는 믿음'을 다시 상기시켜 주세요.

(5) 기도 포인트

하나님의 사랑과 관점으로 사람을 바라보는 눈을 주소서.

우리 공동체 안에 무의식적인 차별이 사라지게 하소서.

말로만이 아닌 구체적인 실천을 통해 이웃을 사랑하게 하소서.

이웃 사랑의 실천을 통해 하나님 나라를 드러내게 하소서.

(6) 마무리

다음 주 주제는 '행함 있는 믿음'(야고보서 2:14~26)입니다.

워크북 4주차를 미리 살펴보도록 안내해 주세요.

4) 4주차 지도자 매뉴얼

제목 : 행함 있는 믿음

본문 : 야고보서 2:14~26

(1) 모임 전 준비

항목	준비 내용
묵상	야고보서 2:14~26을 깊이 묵상하며, '행함 없는 믿음'이 내 삶에 있는지 성찰합니다.
기도	모임에 참석한 모든 지체가 말씀을 삶에 실천하며 나아가도록 기도합니다.
자료	워크북, 성경, 펜, 믿음과 행함에 대한 짧은 간증 예시 또는 그림 자료(선택 사항)

안내 문구	"우리의 믿음은 말로만이 아니라, 행함으로 증명되어야 합니다. 진짜 믿음은 움직입니다."

(2) 모임 흐름 (60분 기준)

순서	내용	소요 시간
① 환영 및 기도	환영 인사와 기도로 모임을 시작합니다.	5분
② 본문 읽기	야고보서 2:14~26을 돌아가며 읽습니다.	5분
③ 배경 설명	야고보가 '믿음과 행함'을 강조한 당시의 상황과 오해들을 간단히 소개합니다.	5분
④ 핵심 나눔 질문	워크북의 주요 질문을 중심으로 참여자들이 고루 말할 수 있도록 유도합니다.	30분
⑤ 적용 나눔	'행함 있는 믿음'을 삶에 어떻게 적용할 것인지 구체적으로 나누고 격려합니다.	10분
⑥ 마무리 기도	믿음이 실천으로 드러나는 삶을 위해 함께 기도하며 마칩니다.	5분

(3) 나눔을 위한 질문 가이드

야고보가 말하는 '행함 없는 믿음'은 어떤 믿음입니까?(2:14~17)

– 왜 그것이 죽은 믿음인가요?

'누가 믿음을 가졌는지' 어떻게 알 수 있다고 야고보는 말합니까?(2:18)

– 실제 삶의 열매에 대해 나눠봅니다.

2:19에서 '귀신들도 믿고 떠느니라'는 표현은 어떤 경고를 담고 있나요?

– 지식만 있는 믿음, 감정적 동의만 있는 믿음의 한계에 대해 이야기해 보세요.

아브라함과 라합의 예시는 각각 무엇을 강조하고 있습니까?(2:21~26)

– 두 사람 모두 '믿음으로 행동한 사람들'이라는 점을 강조합니다.

오늘날 우리 삶에서 '믿음이지만 행동하지 않는 영역'은 어디인가요?

– 각자의 구체적인 상황에서 적용점을 찾아보도록 유도합니다.

이번 주 내 삶에서 내가 믿음을 행동으로 실천할 수 있는 한 가지는 무엇입니까?

– 작은 것부터 함께 실천해 보자는 격려로 마무리합니다.

(4) 리더를 위한 팁

이 단락은 '믿음 vs 행함'이라는 신학적 주제를 다루므로, 논쟁이 아니라 실천으로 초점을 맞추세요.

누군가가 구원 문제로 혼란스러워할 경우, 야고보는 '진짜 믿음'이 무엇인지 설명하고 있다는 점을 분명히 하세요.

라합과 같은 주변인물(이방 여인, 기생)도 믿음으로 쓰임받았다는 점을 강조하며 포용성과 희망을 나누세요.

실천 과제가 너무 크지 않도록, 각자의 현실에서 가능한 작고 구체적인 행함을 정하게 도와주세요.

(5) 기도 포인트

하나님, 우리의 믿음이 말로만이 아니라 삶으로 드러나게 하소서.

'행함 있는 믿음'으로 공동체에 선한 영향력을 끼치게 하소서.

각자의 삶에 있는 '죽은 믿음의 영역'을 깨닫고 돌이키게 하소서.

아브라함과 라합처럼 순종으로 믿음을 증명하는 사람 되게 하소서.

(6) 마무리

다음 주 주제는 '혀를 다스리는 영성'(야고보서 3:1~12)입니다.

워크북 5주차를 미리 예습할 수 있도록 안내해 주세요.

5) 5주차 지도자 매뉴얼

제목 : 혀를 다스리는 영성

본문 : 야고보서 3:1~12

(1) 모임 전 준비

항목	준비 내용
묵상	야고보서 3:1~12을 깊이 읽고, 자신의 말의 습관과 말로 인한 영향력을 점검합니다.
기도	모임의 모든 참여자들이 말의 책임과 능력에 대해 깨닫도록 중보기도 합니다.
자료	워크북, 성경, 펜, '말의 위력'에 관한 예화나 영상 자료 (선택 사항)
안내 문구	"말은 불과 같고, 생명도 죽일 수 있고 살릴 수도 있습니다. 영성은 혀에서 드러납니다."

(2) 모임 흐름 (60분 기준)

순서	내용	소요 시간
① 환영 및 기도	모임을 시작하며 인사와 기도로 분위기를 엽니다.	5분
② 본문 읽기	야고보서 3:1~12을 돌아가며 낭독합니다.	5분
③ 배경 설명	야고보가 왜 말의 문제를 이렇게 강하게 지적하는지 짧게 설명합니다.	5분
④ 핵심 나눔 질문	워크북 질문에 따라 참여자 각자의 말 습관, 경험, 변화에 대해 나눔을 유도합니다.	30분

⑤ 적용 나눔	혀를 다스리는 구체적인 실천과 이번 주 실천 목표를 정리합니다.	10분
⑥ 마무리 기도	서로의 말이 생명의 통로가 되게 해 달라고 합심기도 합니다.	5분

(3) 나눔을 위한 질문 가이드

야고보는 왜 선생이 많아지는 것을 경계했을까요?(3:1)

– 말의 영향력과 책임에 대해 이야기해 봅니다.

말은 어떻게 '온 몸을 더럽히고' 인생을 불태울 수 있다고 말하나요?(3:5~6)

– 말이 관계, 공동체, 교회를 무너뜨리는 실제 사례를 나눠 보세요.

혀는 길들일 수 없는 것이라고 했는데, 그 이유는 무엇일까요?(3:8)

– 말의 통제가 얼마나 어려운지 서로의 경험에서 공유합니다.

우리가 같은 입으로 하나님을 찬송하면서 동시에 사람을 저주하는 이중성에 대해 어떻게 생각하십니까?(3:9~10)

– 내 입술의 모순을 깨달아 보게 하세요.

이번 주, 내가 혀를 다스려야 할 가장 필요한 상황은 어디입니까?

– 가족, 직장, 교회, SNS 등 구체적 상황을 들어보게 하세요.

하나님 앞에서 언어생활을 정결하게 하기 위해 어떤 훈련이 필요할까요?

– 침묵 훈련, 기도문 외우기, 칭찬 습관, 험담 멈추기 등의 실천을 도출할 수 있습니다.

(4) 리더를 위한 팁

이 주차는 실천적인 변화가 가장 필요하면서도 어려운 주제입니다.

참가자들이 자신의 말 습관을 너무 부끄러워하지 않도록 공감하고 격려해 주세요.

"말이 곧 사람이다"라는 주제로 간단한 예화나 짧은 동영상 자료를 보여줘도 효과적입니다.

소그룹끼리 서로 한 주간 말 조심 실천을 격려하는 약속을 정하게 할 수도 있습니다.

(5) 기도 포인트

주님, 제 입술을 정결하게 하소서.

말로 상처 주기보다, 말로 살리는 사람이 되게 하소서.

주님의 지혜로 말할 줄 아는 은혜를 부어 주소서.

공동체 안에서 '생명의 언어'를 심는 자가 되게 하소서.

(6) 마무리

다음 주 주제는 '겸손과 하나님 의존의 영성'(야고보서 4:1~10)입니다.

참여자들이 워크북 6주차 본문을 미리 읽고 오도록 권면해 주세요.

6) 6주차 지도자 매뉴얼

제목 : 겸손과 하나님 의존의 영성

본문 : 야고보서 4:1~10

(1) 모임 전 준비

항목	준비 내용
묵상	야고보서 4:1~10을 깊이 읽고, 내 안에 있는 정욕, 다툼, 자기 중심성을 점검합니다.
기도	모든 참여자들이 하나님 앞에 낮아지고, 세상과 육신의 소욕에서 돌이키도록 중보기도 합니다.
자료	워크북, 성경, 펜, 관련된 예화나 영상 자료(선택 사항)
안내 문구	"겸손은 하나님의 임재를 끌어들이는 문입니다. 영성은 하나님께 가까이 나아가는 능력입니다."

(2) 모임 흐름 (60분 기준)

순서	내용	소요 시간
① 환영 및 기도	간단한 인사와 기도로 모임을 시작합니다.	5분
② 본문 읽기	야고보서 4:1~10을 한 절씩 돌아가며 낭독합니다.	5분
③ 배경 설명	야고보가 왜 '다툼과 싸움'의 원인을 내부의 정욕으로 지적하는지 설명합니다.	5분
④ 나눔 질문	워크북 질문을 중심으로 자기중심성과 하나님의 주권에 대해 나눔을 이끕니다.	30분
⑤ 적용 나눔	겸손하게 하나님을 의지하는 삶의 구체적 실천 방안을 나눕니다.	10분
⑥ 마무리 기도	세상과 자기를 부인하고 하나님께 가까이 나아가려는 결단의 기도를 드립니다.	5분

(3) 나눔을 위한 질문 가이드

야고보는 다툼과 싸움의 원인이 외부가 아니라 '내 지체 중의 정욕'이라고 말합니다(4:1). 이 말씀이 나에게 어떤 도전을 줍니까?

- 내면의 갈등과 욕망이 관계를 어떻게 파괴하는지를 서로 나누어 보세요.

하나님께 '구하여도 받지 못하는 이유'(4:3)는 무엇이라 했나요? 나는 하나님께 어떤 동기로 기도하고 있습니까?

– 자기 욕심을 위한 기도와 하나님의 뜻을 위한 기도를 비교해 보세요.

'세상과 벗된 것이 하나님과 원수 됨'(4:4)이라는 경고는 어떤 의미입니까?

– 현대인의 가치관(성공, 경쟁, 자율성 등)과 복음의 충돌을 이야기해 보세요.

하나님은 교만한 자를 물리치시고 겸손한 자에게 은혜를 주신다고 했습니다(4:6). '겸손'은 내 삶에서 어떻게 표현되고 있습니까?

– 겸손을 정의하고, 실생활에서 겸손하게 행동한 사례를 나누게 하세요.

"하나님을 가까이하라 그리하면 너희를 가까이하시리라"는 약속(4:8)을 어떻게 삶에 적용할 수 있을까요?

– 기도 습관, 회개, 말씀 묵상, 순종의 실천을 연결해 보세요.

이번 주, 내가 하나님께 가까이 가기 위해 결단해야 할 한 가지는 무엇입니까?

– 실천이 분명한 적용으로 나아가게 하세요.

(4) 리더를 위한 팁

이 주차는 자기중심성에서 벗어나 겸손히 하나님께 나아가는 삶을 훈련하는 주간입니다.

'겸손'과 '하나님 의존'이라는 개념이 관념적으로 흐르지 않도록 꼭 구체적인 삶의 예로 끌어내 주세요.

서로의 나눔 속에서 다툼의 근본 원인을 돌아보는 정직함을 격려해 주세요.

회개와 결단이 일어날 수 있는 기도의 시간을 충분히 확보하는 것이 좋습니다.

(5) 기도 포인트

하나님, 제 안에 있는 정욕과 교만을 주 앞에 내려놓습니다.

세상의 방식이 아니라 하나님 나라의 방식으로 살게 하소서.

제가 낮아질수록 하나님이 저를 높이심을 믿게 하소서.

하나님께 가까이 나아가는 담대한 영성을 주소서.

(6) 마무리

다음 주 주제는 '인내와 기도의 영성'(야고보서 5:7~20)입니다.

참여자들이 워크북 7주차 본문을 미리 읽고 오도록 안내해 주세요.

7) 7주차 지도자 매뉴얼

제목 : 인내와 기도의 영성

본문 : 야고보서 5:7~20

(1) 모임 전 준비

항목	준비 내용
묵상	야고보서 5:7~20을 반복해서 읽고, '인내', '기도', '회복', '공동체'를 묵상합니다.
기도	훈련 마지막 주차인 만큼, 참여자들이 신앙을 삶으로 연결하는 실천적 결단을 하도록 중보합니다.
자료	워크북, 성경, 펜, 모임 후 함께 기도할 수 있도록 개인 기도제목 요청지(선택 사항)
안내 문구	"기도와 인내는 믿음의 열매입니다. 야고보는 공동체와 함께 견디고 기도하라고 권면합니다."

(2) 모임 흐름 (60분 기준)

순서	내용	소요 시간
① 환영 및 기도	마지막 주차 모임을 감사하며 함께 기도합니다.	5분
② 본문 읽기	야고보서 5:7~20을 돌아가며 천천히 낭독합니다.	5분
③ 배경 설명	박해와 고난 중에 있던 초대교회 성도들에게 야고보가 왜 '인내와 기도'를 강조했는지 설명합니다.	5분
④ 나눔 질문	워크북의 주요 질문을 중심으로 삶과 연결된 나눔을 이끕니다.	30분
⑤ 적용 나눔	나의 고난, 지체의 고백, 공동체의 회복을 위한 실제적 기도 방안을 나눕니다.	10분

⑥ 마무리 기도	전체 훈련 여정을 돌아보며 감사와 결단의 기도를 드립니다.	5분

(3) 나눔을 위한 질문 가이드

야고보는 주의 강림이 가까움을 근거로 '길이 참고 마음을 굳게 하라'고 합니다(5:7~8). 나는 신앙 안에서 어떤 기다림을 견디고 있습니까?

– 신앙의 장기전에서 쉽게 낙심하지 않도록 서로 격려하게 하세요.

인내하는 자의 모범으로 '선지자들'과 '욥'을 언급합니다. 나는 어떤 인내의 본을 삼고 있습니까?(5:10~11)

– 개인의 고난 경험 속에서 하나님의 자비와 긍휼을 나눌 수 있도록 유도하세요.

5:13~18에서는 다양한 상황 속 '기도의 자리'로 부릅니다. 내가 지금 가장 필요한 기도의 형태는 무엇입니까?

– 고난, 기쁨, 병듦, 죄의 고백 등 각각의 상황에 따른 기도를 나눠보게 하세요.

'장로를 청하여 기도와 기름부음을 받으라'는 말씀은 어떻게 공동체적 책임을 말해 줍니까?

– 영적 지도자와의 연결, 교회의 중보기도, 공동체 치유의 중요성

을 강조하세요.

서로 죄를 고백하고 기도하라는 말씀(5:16)은 어떤 영적 회복을 목표로 하나요? 나는 누구에게 나의 연약함을 나누고 있습니까?

– 신뢰 속에서 정직한 고백과 회복을 나누는 안전한 공동체의 비전을 함께 확인하세요.

마지막 5:19~20에서 떠난 자를 돌아서게 하는 것을 '영혼을 사망에서 구원하는 일'로 말합니다. 내가 품어야 할 누군가가 생각납니까?

– 실천 가능한 중보와 돌봄의 대상자를 떠올리게 해 주세요.

(4) 리더를 위한 팁

마지막 주차입니다. 전체 훈련을 돌아보며, 각자 삶에 남긴 변화를 나누는 시간을 주셔도 좋습니다.

'기도의 실천'을 이론으로만 마무리하지 않고, 함께 기도하는 시간으로 이끄는 것이 중요합니다.

누구도 소외되지 않도록, 조용하고 내성적인 분들도 함께 나눌 수 있는 환경을 만들어 주세요.

작은 간증이나 일상 속에서 실천한 경험을 격려해 주시고, 훈련 이후의 삶에도 계속 연결될 수 있는 기도 파트너 제안도 유익합니다.

(5) 기도 포인트

하나님, 제가 견디기 어려운 상황에서도 인내하게 하소서.

기도가 삶의 호흡이 되게 하소서.

저를 넘어 다른 영혼의 회복을 위해 기도하게 하소서.

우리 공동체에 회복과 치유의 역사가 일어나게 하소서.

(6) 마무리

7주 동안의 여정을 마무리하면서,

각자 가장 도전이 되었던 주제 하나, 삶에 적용한 한 가지, 계속 실천할 것 한 가지를 나눌 수 있도록 권면해 주세요.

전체 결론 : 살아 있는 믿음, 오늘의 교회를 위한 권면

야고보서는 초대 교회 신앙인들에게 보낸 실천적 권면서로, 신앙의 진정성과 온전함을 '말씀 듣기와 행함' 그리고 '인내와 지혜'라는 주제를 통해 다룬다. 이 편지는 믿음과 행위의 조화를 강조하며, 고난과 시험 속에서 성장하는 신앙 공동체의 윤리를 촘촘하게 그려낸다.

1. 말씀과 행함의 통합

야고보는 '행함 없는 믿음'을 죽은 믿음으로 규정하며, 진정한 신앙은 삶의 구체적 행동으로 나타나야 함을 강하게 주장한다. 신앙의 내면성과 외면성이 조화를 이루어야 영적 성숙에 이를 수 있다.

2. 시련과 인내의 신학

고난과 시련은 신앙 성장의 필수적 과정이며, 인내를 온전하게 이루어 하나님의 완전하심에 참여하는 길로 제시된다. 이를 통해 성도는 성숙한 믿음에 이른다.

3. 말과 지혜의 영성

혀의 절제와 위로부터 난 지혜의 분별은 공동체 화목과 개인의 경건 생활에 핵심적이다. 참된 지혜는 성결, 화평, 관용, 긍휼, 선한 열매를 맺는다.

4. 사회 정의와 사랑의 실천

야고보서는 가난한 자를 향한 차별 금지와 부자들의 불의를 경고하며, 공동체 안에서 사랑과 정의가 구현되어야 함을 강조한다.

5. 기도와 공동체 회복

기도는 개인과 공동체를 하나로 묶는 영적 힘이며, 방황하는 자를 돌아오게 하는 것이 공동체의 사명이다.

결론적으로, 야고보서는 '믿음과 행함의 일치', '시련 속 인내의 성숙', '말과 지혜의 절제', '사랑과 정의의 실천', '기도와 공동체 회복'이라는 다섯 기둥을 세움으로써, 신앙이 어떻게 전인적이고 공동체적으로 완성되는지를 보여준다. 오늘의 교회와 성도들은 이 권면을 붙들고, 말씀을 듣고 행하는 온전한 믿음의 여정을 걸어가야 한다.

야고보서의 오늘의 의미
– 살아 있는 믿음을 다시 찾기 위하여

"믿음이 행함이 없으면 그 자체가 죽은 것이라." (약 2:17)

야고보서의 이 명제는 단순한 교리적 주장 이상이다. 그것은 오늘의 교회, 오늘의 신자, 오늘의 시대를 향한 예언자적 호소이며 영혼의 정직한 일기이다.

우리는 믿음을 말하지만, 믿음대로 살고 있는가?

우리는 은혜를 외치지만, 은혜에 합당한 삶을 살고 있는가?

오늘날 한국 교회는 여전히 종교개혁의 구호를 절대화하고 있다.

'오직 믿음으로.' 그러나 루터가 이 명제를 외쳤을 때, 그는 성직의 타락과 종교 권력의 부패에 대한 도전을 감행하고 있었다.

그런데 우리는 그 구호를 교리의 방패로만 삼고 있지 않은가?

야고보서가 말한다. 믿음이 진짜라면, 그것은 행동으로 증명될 것이다.

1. 신앙과 삶, 믿음과 행함의 이분법을 넘어서

야고보서는 신앙을 '실존적 행위'로 다시 정의한다.

시련 속에서 인내하는 것이 믿음이다.

말보다 행함으로 사랑하는 것이 믿음이다.

혀를 절제하고, 이웃을 돌아보며, 세상의 부와 권력을 경계하는 것이 믿음이다.

고난 속에서 끝까지 하나님을 기다리고, 병든 자를 위해 기도하며, 떠난 자를 다시 불러들이는 것 — 그것이 살아 있는 믿음이다.

이 신앙은 더 이상 교리의 동의만으로는 설명되지 않는다.

그것은 삶의 윤리, 공동체의 질서, 사회적 실천 안에서 구체화되어야 한다.

2. 영성 훈련서로서의 야고보서

야고보서는 단순한 서신이 아니라 삶을 새롭게 훈련하는 영성 교과서다.

그는 신자의 마음, 혀, 손, 시간, 재물, 고난, 기도, 이웃에 이르기까지 삶 전체를 성찰의 렌즈에 올려놓는다.

이것은 개별 영혼의 윤리일 뿐만 아니라, 공동체 전체를 빚어내는 훈련이다.

"말씀을 듣고 행하는 자가 되라."

"서로 비방하지 말라."

"부자여, 너의 재물은 너를 고소할 것이다."

"형제를 돌아보라."

이 모든 명령은 고통스러운 세속적 조건 속에서도 성숙한 신앙인의 정체성을 회복하라는 부르심이다.

3. 한국 교회를 위한 제2의 종교개혁 선언

오늘날의 교회는 야고보서의 거울 앞에 서야 한다.

야고보는 하나의 교리를 정립하려는 목적이 아니라, 신앙의 거짓을 벗기고 참을 회복하려는 예언자적 열정으로 글을 썼다.

오늘날의 교회는 은혜의 이름으로 무책임한 신앙을 면죄받고 있지 않은가?

구원의 확신 뒤에 숨어, 연약한 자들을 외면하고 있지 않은가?

공동체의 이름으로 배제하고, 혀로 찢고, 재물로 서열을 매기고 있지 않은가?

이제 우리는 베드로후서 1장과 야고보서 전체에 깃든 '삶의 훈련'을 복원해야 한다.

믿음은 단지 하늘의 확신이 아니라, 땅 위의 실천이다.

신앙은 미래를 약속받는 것이 아니라, 오늘의 존재방식이 되어야 한다.

4. 살아 있는 믿음을 위하여 : 이 책의 과제

이 책은 단지 성경을 해설하거나 주석하려는 목적으로 쓴 것이 아니다.

그보다는 오늘을 사는 독자와 교회가 야고보서라는 영적 거울을 통해 자신을 다시 직면할 수 있도록 돕는 데 있다.

야고보서는 시련을 견디는 힘이 부족한 이들에게 인내의 지혜를 되새기게 하고, 차별과 분열속에 흔들리는 공동체에는 형제 사랑의 윤리를 회복하게 하며, 말의 상처와 자기 정당화에 익숙한 이들로 하여금 혀의 훈련을 시작하게 한다. 또한 이 서신은 기도와 실천이 분리된 이들에게 고난과 병든 자를 위한 중보의 책임을 일깨우고, 미혹된 자를 돌아볼 책임을 개인이 아니라 교회 전체에 되돌려 놓는다.

야고보서는 오늘도 교회를 향해 말한다.

"너희가 말씀을 듣고, 또한 행하는 자가 되라."

이것은 과거의 명령이 아니라, 지금 이 순간의 부르심이다.

‖ 에필로그 ‖

삶을 변화시키는 지혜의 복음 : 야고보서가 오늘날 교회에 주는 마지막 권면

야고보서는 조용하지만 단호한 목소리로 현대의 그리스도인들을 깨운다.

요란한 신학 체계나 거대한 메타서사를 말하지 않는다. 대신, 가장 구체적인 자리에서 – 시험을 견디는 방식, 말하는 태도, 가난한 자를 대하는 태도, 내일을 계획하는 방식, 고난과 질병을 대하는 태도 – 우리의 믿음이 어떻게 현실로 나타나야 하는지를 묻는다.

신약 성경 가운데 야고보서는 종종 '지혜서'로 불린다. 구약의 잠언과 전도서가 지혜로운 삶을 추구하듯, 야고보서도 '하나님이 주시는 지혜'를 구하라고 말하며(약 1:5), 그 지혜가 삶 전체를 인도하게 하라고 권면한다. 그러나 야고보서가 말하는 지혜는 단지 지적 통찰이나 도덕적 규범이 아니다. 그것은 성령의 능력 안에서 믿음과 행위가 하나가 되는 통합적 영성, 곧 삶으로 검증되는 복음의 진실성이다.

우리는 이 책에서 야고보서를 다각도로 조명했다.

본문 주해를 통해 문맥과 구조를 살폈고, 바울과의 비교를 통해 신학적 맥락을 확장했으며, 구약과 예수님의 산상수훈과의 연계를 통해 야고보의 메시지를 깊이 있게 파악하려 했다. 그리고 마지막으로, 그 모든 내용을 개인적 · 공동체적 영성 훈련이라는 틀 안에서 실제 삶에 적용할 수 있도록 구체화했다.

이 모든 작업은 하나의 질문에 대한 응답이었다.

"참된 믿음은 어떤 삶의 열매를 맺는가?"

야고보서는 말한다.

믿음이 단지 고백에 머물러서는 안 된다. 참된 믿음은 말 속에, 행동 속에, 태도 속에, 공동체와의 관계 속에, 고난의 순간과 성공의 정점 속에 나타나야 한다. 그렇지 않다면, 그 믿음은 죽은 것이다(약 2:17).

이 단호한 선언은 오늘날 교회와 성도들에게 여전히 깊은 도전을 던진다.

오늘 우리는 진리에 대한 지식은 많지만, 진리대로 살아내는 용기와 인내는 부족한 시대를 살고 있다. 수많은 신앙 서적과 설교, 교육이 넘쳐나지만, 야고보서가 말하는 '삶의 일치'는 오히려 더욱 희귀하다.

이 책은 그런 시대에, 다시 말씀의 거울 앞에 서도록 초대한다. 그리고 우리 안에 있는 두 마음을 하나로 정결하게 모으도록 요청한다(약 4:8).

야고보서가 요청하는 영성은 거창하지 않다. 그것은 오늘 하루를 인내하고, 이웃을 차별하지 않으며, 말에 절제를 두고, 내일을 하나님의 뜻에 맡기며, 고난과 질병 가운데서도 기도와 공동체의 돌봄을 잊지 않는 일상의 신실함이다.

이런 영성이야말로 세상 앞에서 교회를 교회답게 하고, 신자를 신자답게 한다.

야고보서는 이 훈련의 여정에서 늘 함께 걸어주는 목소리였다. 때로는 엄격하고 불편했지만, 우리가 스스로를 점검하고 말씀 앞에 진실하게 설 수 있도록 도와주었다.

이제 우리는 거울을 덮고 현실로 나아가야 한다.

삶의 자리로 돌아가 말씀을 실천하는 시간이다.

이제 당신의 순서다.

당신의 혀, 당신의 관계, 당신의 인내, 당신의 기도로 복음은 다시 눈앞에 살아날 것이다.

야고보서의 마지막 권면이 오늘 당신의 삶 속에서 계속되기를 바란다.

"내 형제들아 너희 중에 미혹되어 진리를 떠난 자를 누가 돌아서게 하면, 너희가 알 것은 죄인을 미혹된 길에서 돌아서게 하는 자가 그

의 영혼을 사망에서 구원할 것이며 허다한 죄를 덮을 것임이라."(약 5:19~20)

이 영혼의 회복 사역은 모든 신자에게 맡겨진 부르심이며, 야고보서가 오늘 우리에게 남긴 마지막 과제다.

‖ 참고문헌 ‖

1. 주석서

Adamson, J. B. *The Epistle of James*. NICNT. Grand Rapids: Eerdmans, 1976.

Allison, D. C. *A Critical and Exegetical Commentary on the Epistle of James*. ICC. Edinburgh: T&T Clark, 2013.

Davids, P. H. *The Epistle of James*. 오광만 역. 『NIGTC 야고보서』. 서울: 새물결플러스, 2019.

Frankemoelle, H. *Der Brief des Jakobus Ⅰ, Ⅱ*. OETK 17,2. Gueterslohr/Wuerzburg: Echter, 1994.

Hauck, F. *Der Brief des Jakobus*. KNT ⅩⅥ. Leipzig: A. Deichertache Verlagsbuchhandlung, 1926.

Laws, S. *A Commentary on the Epistle of James*. BNTC. London: Black, 1980.

Martin, R. P. *James*. 홍찬혁 역. 『야고보서』. WBC 48. 서울: 솔로몬, 2001.

Mayor, J. B. *The Epistle of James*. Grand Rapids: Kregel

Publications, 1990.

McCartney, G. *James*. 강대이 역. 『BECNT 야고보서』. 서울: 부흥과개혁사, 2016.

McKnight, S. *The Letter of James*. 신윤수 역. 『NICNT 야고보서』. 서울: 부흥과개혁사, 2023.

Moo, D. *James*. 이승호 역. 『야고보서』. 신약주석 시리즈 16. 서울: 기독교문서선교회, 2013.

____. *The Letter of James*. 강대이 역. 『야고보서』. PNTC. 서울: 부흥과개혁사, 2016.

Mussner, F. Der Jakobusbrief. 윤선아 역. 『야고보서』. 국제성서주석 46. 서울: 한국신학연구소, 1987.

Schnider, F. *Der Jakobusbrief*. RNT. Regensburg: Pustet, 1987.

2. 연구서

Klein, M. *Ein vollkommenes Werk: Vollkommenheit, Gesetz und Gericht als theologische Themen des Jakobusbriefes*. BWANT H. 139. Stuttgart/Berlin/Koeln: W. Kohlhammer, 1995.

3. 소논문

Julian, R. "A Perfect Work: Trials and Sanctification in the Book of James." *SBJT* 4 (2000), 40~50.

Stewart, A. "James, Soteriology, and Synergism." *TynB* 61.2 (2010), 293~310.

Verseput, D. J. "Reworking the Puzzle of Faith and Deeds in James 2:14~26." *NTS* 43 (1997), 97~115.

이광진. "신약성서에 나타난 '영혼의 구원'의 의미." 『신학과 현장』 제22집 (2012), 91~122.

____. "신약성서에 나타난 '소박한 신인협동설'에 관한 연구 : 서신서들을 중심으로." 『신학과 현장』 제25집 (2015), 61~88.